半沢直樹「倍返し」の心理学

どんな逆境にあっても、
決して負けない強さの秘密

内藤誼人
Yoshihito Naito

廣済堂出版

まえがき

最終回視聴率が42・2%と、空前の社会現象を引き起こした『半沢直樹』。

主人公半沢の「倍返しだ!!」というセリフは、2013年の流行語大賞にも選ばれた。平成の30年間を通じて放送されたドラマで瞬間最高視聴率が1位となる数字もたたき出した。続編を期待する声も多かったが、ようやくにして2020年の4月から『半沢直樹』の続編が始まる。

本書では、その人気ドラマ『半沢直樹』の主人公半沢の生き様を参考にしながら、どうすれば逆境、困難を乗り切っていけばよいのかを考えていきたい。続編が始まることに合わせて、半沢直樹から学べることを今一度振り返ってみたいと思う。

「ドラマなんて、しょせん、作りものなんだから参考にならない」

そのようなご意見もあるであろう。

たしかに、ドラマは現実とは違って、いろいろと脚色されているのは事実である。けれども、「架空の非現実的なドラマなどから、学べるものなど何もない」というのも、これまた言いすぎであろう。

たとえ架空の主人公のお話であろうが、簡単に切り捨ててしまうのではなくて、学ぼうと思えば、いろいろなことが学びとれるものである。半沢の生き方、モノの考え方には、大いに触発される点も少なくない。かくいう私自身、ドラマ『半沢直樹』によって、どうすれば逆境に打ち勝つ精神力を磨けばよいのかを学べたと思う。

米国の億万長者ジム・ローンは、「成功者になりたかったら、成功者のマネをしなさい」という有名な言葉を残しているが、**「折れない心」「めげない精神力」を身につけたければ、そういう強靭《きょうじん》な心の持ち主である〝半沢直樹のマネをすればよい〟**ということになる。

「僕は、少しでも壁にぶつかると、すぐに心が折れちゃうんです」
「性格が軟弱で、どうにもなりません」
「気が弱くて、上司にはモノが言えずに困っています」

そんな悩みをお持ちの人たちに、ぜひ本書をお読みいただきたい。

「俺だって、半沢のように、こう、〝ガツン〟とモノが言えるようになりたいな」と心のどこかで思っている読者のみなさん。そう願うのなら、それが実行できるように頑張ればいいではないか。

「あれはドラマであって、現実にはとてもムリ」などと諦めないでほしい。**半沢のようなタフな男になるのも、決して不可能ではない。そのためのアドバイスを本書ではたっぷりとしていくつもりである。**

中島みゆきさんの歌に『ファイト！』という曲がある。その中に「戦う君のことを、戦わない奴らが笑うだろう、ファイト！」という歌詞がある。

これから自分を変えよう、強い人間になろう、さあ戦おう、と努力をし始めると、周囲の人たちから、抵抗にあうかもしれない。「とりあえず、頭を下げて、卑屈《ひくつ》にペコペコしてりゃいいんだよ。それが賢い生き方なんだよ」と。

だが、そういう周囲の圧力にもどうか屈しないでほしい。

読者のみなさまが、半沢直樹のように強い人間になれるよう、私も精いっぱいのお力添えをしていくつもりだ。本書を読み終えたとき、みなさまの心の中には、たしかな芯《しん》のような強さが芽生えるはずである。どうか最後までお付き合いください。
ファイト！

半沢直樹「倍返し」の心理学

目次

第1章 半沢直樹に学ぶ「精神力」

逆境に打ち勝つ 究極の〝折れない心〟を身につけろ！

第2章 半沢直樹に学ぶ「人間力」

半沢流・人付き合いの極意をビジネスに生かせ！

第3章

半沢直樹に学ぶ「発想力」

どんな逆境にあってもココロを奮い立たせる心理ワザ

第4章

半沢直樹に学ぶ「会話力」

話し方を変えて、さらにたくましい心を手に入れろ！

第5章 半沢直樹に学ぶ「仕事力」

仕事で成功するための〝倍返し〟の成功術

第6章

半沢直樹に学ぶ「メンタル力」

誰にも負けない強さを手に入れる心理テクニック

第1第

半沢直樹に学ぶ「精神力」

逆境に打ち勝つ究極の〝折れない心〟を身につけろ！

しぶとく食らいつき
決して投げ出さなければ、
仕事はうまくいく

小村「しぶといなあ、あんちゃんも」
半沢「それだけが取り柄です」

――『半沢直樹』第2話

何事も、すぐに諦めて投げ出してしまってはならない。

どんなときでも、しぶとく食らいついて離さない、という強さを持とう。

最近では、仕事で嫌なことがあると、すぐに会社を辞めてしまう人が多いという。入社してわずか3年で3割もの人が辞めてしまうので、「3年3割問題」とも呼ばれている。

かつては、いったん入社したら、どんなことがあっても耐え抜いて一生勤めあげるのがサラリーマンだとされていたが、そんな時代に比べると、まさに隔世の感がある。ようするに、腰抜けの人が増えたのであろう。

仕事で成功する秘訣をお教えしよう。

それは、**すぐに諦めるのをやめること**である。

どんな困難にぶつかっても、しぶとく食らいつき、決して投げ出さなければ、仕事はうまくいく。

ボストン大学のヨーラム・ノイマンは、200名の大学生について、どういう学生ほど成績（GPA）が高いのかを調べてみた。

すると、生まれつき〝頭がいい〟人ほど成績が高いのではなくて、〝諦めない〟人ほど成績が高いことがあきらかにされたという。

頭がどれほど悪かろうが、人の2倍も3倍も努力していれば、だれでも高い成績を残せるのは当たり前である。

「チクショウ、負けないぞ！」

「私は、途中で投げ出さないぞ！」

「決して、諦めないぞ！」

と、努力を継続しつづけるからこそ、何事もうまくいくのである。

半沢は、「しぶとさくらいしか、自分には取り柄がない」と謙遜《けんそん》しているが、「しぶとさ」を持てるというのはすばらしいことである。しぶとさがなければ、どんな仕事もうまくいくはずがないからだ。

半沢は、どんな逆境にも果敢に立ち向かう。

それは、半沢がしぶとい人間だからである。決してさじを投げたりしないから、逆境も乗り越えられるのだ。

「ドラマだから、あんなにうまくいくんだよ」と考える人もいるだろうが、そうではなくて、しぶとい人間なら、現実の世界でも逆境は乗り越えていけるのである。

「ああ、もうダメだ……」

ではなく、

「絶対に引かないぞ！」

という強い意志を持とう。**何をするにしても、すぐに投げ出さないという覚悟を持って取り組めば、必ず道は開けるものなのだから。**

半沢直樹の教え

01 しぶとい人間になれば、逆境は必ず乗り越えられる

〝すぐにやりかえす〟ことを行動原理とせよ

小木曽「悪い病巣は早期に取り除かねばなるまい」
半沢「担当がヤブ医者でなければいいんですが」

――『半沢直樹』第2話

小木曽の皮肉に対して、半沢は、手厳しい皮肉で返している。

このように、**やられたときには、すぐにやり返すようにしよう。**殴られたら殴り返すようにすると、相手も「こいつは、手ごわいぞ」と感じて、それ以上の攻撃を抑制するようになるからだ。

いじめっ子が、イジメの対象に選ぶのは、どのような人物なのか。

それは、イジメても反撃してこない人である。

どんなに酷《ひど》いことをしても、反撃してこなければ、いじめっ子は安心してさらにイジメようとする。

イジメに遭《あ》ったとき、「しばらく我慢していれば、嵐は過ぎ去るんだ」などと考えてはならない。すぐに反撃しないと、さらにイジメの度合いが増すのだと思わなければならない。

学校だけでなく、社会でもそうである。

反撃もせず、ただ耐えるだけでやり過ごそうとすると、相手はかさにかかってみなさんをイジメようとするであろう。だから、反撃すべきなのである。手ごわいところをアピールしておくべきなのである。
インディアナ大学のジェームズ・ウォール・ジュニアは、相手に酷いことをされたときには、手厳しくやり返す（これを**「しっぺ返し戦略」**という）ようにすると、相手も対応を改めて、協力的になってくれると述べている。

私たちは、相手が手ごわいと思えば、きちんと誠実に対応するものなのだ。だから、やられたときには、きちんとやり返さなければならない。泣き寝入りなどしていても、状況は改善しない。**きちんとやり返さないと、相手は誠実に対応してくれないのだ。**

日本人は、人がいいので、相手に酷いことをされても我慢してしまおうとする。そういう点は、日本人の美徳であるとは思うが、それでは相手に食い物にされてしまうだけである。

我慢などをすると、「いいカモだ」と相手に思われてしまうから、なるべく早い段階で手厳しくやり返す習慣を身につけよう。できれば、やられたらすぐにやり返すようにしたほうがいい。

クライアントと交渉をするとき、相手に厳しい条件をつけられたら、こちらからも相手に厳しい要望を突きつけるようにしよう。そうしないと、どうなるか。おそらくは、ものすごく悪い条件で仕事をやらされるハメに陥る。

「そんなことをおっしゃるなら、こちらからも条件を出させていただきますよ」と申し出るのは、決して失礼なことではない。交渉とは、もともとそういうものである。

相手に嫌なことをされたら、すぐにやり返すこと。

これを自分の行動原理としよう。

半沢直樹の教え

02

やられたらすぐにやり返さないと、相手から「いいカモだ」と思われる

「粘着質」で「しつこい男」になれ！

東田はなおのことだが、たとえいまどれだけしおれた表情を見せていようと、波野も許す気にはなれなかった。もっともっと痛めつけ、とことん後悔させてやる。そう思うのだった。

――『オレたちバブル入行組』p193

半沢直樹は、非常に粘着質なところがある。冒頭の引用からもわかるとおり、半沢は復讐をするときにも、中途半端なところで矛《ほこ》を収める気がなく、徹底的にやる。そういう粘着質が、うまく仕事の方向に向かえば、粘り強く取り組むので成功につながるのである。

どの業界でも、一流の人は、粘着質である。

彼らは、適当なところで仕事を切り上げるようなことはせず、成功するまで固執しつづける。

「ま、こんなもんでいいか」と途中で放り出したりはしない。

復讐するという目標達成のために粘着質な性格を向けるのは、あまり好ましくないと思うが、粘着質であることには、メリットもあるのである。

米国ロチェスター総合病院のジェラルド・グルメットは、ガリレオ、ダーウィン、パスツール、アインシュタイン、ポーリングなどの一流科学者を分析し、彼らに共通する性格は何かを研究したことがある。

その結果、彼らには、頑固で、図抜けた集中力があり、ひとつのことに固執する性格があることがわかったという。つまりは、粘着質だったのだ。

彼らは、目的を決めたらブレることなく、その目的の達成だけを考える。ほかのことには、一切目を向けない。

ようするに、しつこいのである。彼らは、**しつこいからこそ成功者になれる**のだともいえる。


勉強でもそうで、たいていの人は、完全に覚えきる前に学習をやめてしまう。「だいたい覚えたからいいや」と思うのであろう。こういうやり方で勉強していたら、忘れるのも早い。

ノース・コロラド大学のジーン・オームロッドは、「もう覚えた」と思っても、さらに倍の学習をしないと、人はすぐに忘れてしまうことを実験的に確認している。

しつこいくらいに学習をくり返すことを、**「オーバーラーニング」（過剰学習）**と呼ぶのであるが、そこまでやらないと、モノにはならないのだ。

勉強でも、スポーツでも、仕事でもそうだが、粘着質なところを持ち、しつこいくらいにやらないと、その道での一流にはなれない。

半沢は、〝しつこい男〟であるが、そういうしつこさ、執拗《しつよう》さからは、いろいろと学びとれるのではないかと思われる。

03

半沢直樹の教え

中途半端ではなく徹底的に取り組めば、仕事での成功が得られる

ある種の〝非情さ〟を持って仕事をしろ

「お願いです。今度だけ——今度だけ、なんとか助けてもらえませんか」

たとえ土下座して社長に頼まれようと、温情で「うん」というわけにはいかない。銀行という組織が融資するのは、貸したカネを返せると信ずることのできる相手だけだ。

「社長、それはできない。ここは自力でなんとかしてもらうしかない」

この大阪西支店の課長職になってからも何度か、半沢はそういいつづけてきた。

——『オレたちバブル入行組』p185

気が弱い人は、あまり相手に強く出ることができない。なぜかというと、相手の気持ちがわかってしまうからである。気が弱い人は共感性が高すぎるので、「こんなことを言ったら、相手が傷つくかもしれない」という場面のイメージが、ありありと浮かんでしまう。だから、強く出たくても出られない。

けれども、**あまり相手のことなど考えなくていい。**

ある種、非情なところがなければ、精神は強くならない。

たとえば、相手に飲みに誘われたとき、「断ったりしたら、相手も気分が悪いだろうから……」と考えて、しぶしぶ付き合っているような人は、根がやさしくて好感が持てるのであるが、そんなことをしていたら、いつでも酒に付き合わされるハメになってしまう。やはり、どこかではっきりと断る必要が出てくる。

仕事でもそうで、「断ったりしたら、相手が不愉快になるから……」ということで、イヤな仕事を何でもやってあげたりすると、相手はみなさんを与《くみ》しやすい人間だと見なして、さらに面倒な仕事をどんどん押しつけようとする。

他人に対する共感性が高いことは、基本的にはよいことだ。

しかし、それでも鬼になって厳しくならなければならないことも現実にはよくあるのだという認識を持とう。

『君主論』を著したマキャベリは、愛されることは大切だが、人に愛されることばかり考えていたら名君にはなれないと述べている。

人の顔色ばかりうかがっていたら、自分のやりたいようにはできない。だから、非情になって怖れられたほうがいい、とマキャベリは考えたわけだが、こういう考えも大切だ。

やさしいだけではダメである。

厳しくすべきところでは、鬼にならなければならない。

小学生に理想の先生について尋ねれば、おそらくは「やさしい先生」という答えが返ってくるに違いない。けれども、子どもを甘やかし、やさしくしていたらどうなるかというと、おバカさんでロクでもない人間になるに決まっている。

その点、子どもに人気はないがみっちりとしごいて厳しくする先生のほうが、子どもには嫌われるかもしれないが、「知識を身につけさせる」という本来の教育の目的からすれば、まさに最高の先生だったりするのである。

オーストラリアにあるクイーンズランド大学のロビン・ギリスは、6つの中学校に頼んで実験をさせてもらい、生徒が喜ぶような「自由な授業」をやらせたところ、数ヶ月後の成績では惨憺《さんたん》たる結果になったという報告を行なっている。

人にやさしくするのはよいが、厳しくすべきところは厳しくならなければならない。

どちらがいいというわけではないが、非情になることもためらってはならないということは肝《きも》に銘《めい》じておかなければならない。

半沢直樹の教え

04 自分のやりたいようにするためには、非情になって恐れられるくらいのほうがいい——

自分で自分を追い込むのは絶対にやめろ

銀行という組織は、全てがバッテン主義だ。業績を上げた手柄は次の転勤で消えるが、バッテンは永遠に消えない。そういう特別な回路を搭載した組織なのだ。そこに敗者復活の制度はない。いったん沈んだものは二度と浮かびあがらないトーナメント方式だ。だから、一度沈んだものは、消えるしかない。それが銀行回路だ。

――『オレたちバブル入行組』p287

なぜ銀行員が、いつも上司の顔色をうかがって、ビクビクしているのか。その理由は、銀行という組織には敗者復活戦がないからだ、というのが、原作者の池井戸潤さんの意見である。

たしかに一度でも沈んだら、二度と浮かび上がれないと思えば、不安が先に立って思い切った行動がとれなくなるのも当然であろう。

では、どうすれば半沢のように大胆になれるのか。

簡単な話で、**「やり直しがきかない」ではなく、「いつでもやり直せるだろう」と考えるようにすればいい**のである。

左遷《させん》されようが何をされようが、いつでも浮かび上がれるし、やり直せるのだと考えれば、そんなにビクビクすることもなくなる。

ようするに、自分自身で「追いつめられた」と思わないことが重要だ。

いくら敗者復活戦が「ない」といっても、「完全にない」わけではなく、「いくらかはある」と考えればよい。浮かび上がる可能性も「ゼロ」ではなく、「どんなに少なくともゼロではない」と考えたほうが、そんなに追いつめられたとも思わずにすむ。

実際、トヨタ自動車元会長の奥田碩《ひろし》さんのように、経理部時代に上司とぶつかり、マニラに左遷させられても、腐らずに頑張って業績を上げ、本社に戻って社長になった人もいるのだ。

「大丈夫、大丈夫」

「一度くらいバツがついたって、そのうち取り返せるさ」

そう気楽に考えるのがコツである。

米国アーカンソー大学のデニス・ベイクは、オンライン調査に応じてくれた人に、「人生で後悔していること」について尋ねてみた。

後悔している内容は、仕事や学歴、結婚などが挙げられたが、「やり直せる」と思っている人は、そんなに強くは後悔していなかったという。人生は、いつでもやり直せるのだと思っていれば、後悔もしないのであろう。

自分で自分を追い込まないようにしよう。

日本企業の多くは減点主義だし、敗者復活戦は難しいことはたしかである。

けれども、一度沈んだら、二度と浮かび上がれないのかというと、そんなこともないのである。かつてはそうだったかもしれないが、最近はもう少し緩やかになってきており、むしろ積極的に失敗するような人のほうが、上にあがっていける時代でもある。

結婚もそうで、かつては「離婚」というと、汚点のように思われていたが、最近では「バツイチ」などと言われ、ありふれた現象になった。少なくとも、「あいつは離婚したからダメだ」などと後ろ指をさされることはなくなってきた。

会社もそうである。ひとつふたつの失敗は、大目に見てもらえる世の中になっているのだから、やり直しはできると考えよう。そう思えば、もっと大胆な人間になれる。

半沢直樹の教え

05 「いつでもやり直せる」と考えれば、大胆になれる

売られたケンカは、あえて買え

浅野は、半沢の全てを否定してくる。半沢自身が浅野を受け入れられない以上に、浅野は敵愾心《てきがいしん》を募らせていた。それが保身のためだとわかっているだけに、さらに半沢の反感に油を注ぐ悪循環だ。

――『オレたちバブル入行組』p223

「売られたケンカは、必ず買う」

これが半沢の信条である。自分からケンカを吹っかけるようなことはしないが、もし売られたのであれば、いつでも買う。これが半沢だ。

好戦的である必要はないが、やられたらやり返すという気概がなければ、人間は堂々としていられないのではないかと思う。殴られたら、殴り返さなければならない。

相手が反撃してきたら、こちらはさらに再反撃するのが正解である。

日本人は、まことに気のいい国民性のために、外国から何かを言われると、すぐにそれに応じてしまおうとする。外国から要求があると、たとえその要求が理不尽なものであっても、静かに受け入れてしまうのが日本人である。

私は、そういう日本人の黙って耐え忍ぶ姿勢は美徳であると思うし、あまり強く自己主張しない、控え目な国民性も愛しているが、現実の世界ではそういうやり方ではなかなかうまくいかないのもたしかだ。

相手が高圧的に出てくるのなら、こちらも強気に出よう。

「最初に、居丈高にふるまってきたのは、あちらだ」

と思えば、強く出てもいいと自分に言い聞かせることができるだろう。こちらからケンカを吹っかけたのではない。あちらが先に吹っかけてきたから、こちらはしぶしぶそれに応じるだけだと思えば、人のよい読者のみなさんも少なからず強気になれるのではないかと思われる。

あるいは、**「ペコペコしている姿は、みっともない」と自分に言い聞かせるのもいい。**「恥ずかしいことなんだ」という意識があれば、私たちはそういう行為をしなくなる。ペコペコがみっともなく、恥ずかしい行為だと思えば、そういう行為をしないために強気な自分になることができる。

「ムキになってやり返すのは、大人ではない」

などと考えてしまうと、殴ってきた相手を殴り返すことはできなくなってしまうから、「やり返さないことのほうが、みっともないことなんだ」と考えるようにするといい。そう考えないと、やり返すような人間にはなれない。

カリフォルニア大学のチャールズ・マクリントックによると、相手に酷いことをされたときにやり返すような人物のほうが好ましい印象を与えるという。**やられっぱな**

してもヘラヘラしているような人は、悪い印象を与えるのだ。

私たちは、子どものときから「どんなときでもケンカをしてはなりません。すぐに謝ってしまったほうが利口ですよ」という教えを受けながら育つ。

そのため、殴られてもすぐに殴り返すような習慣を持っている人は少ないのであるが、売られたケンカは必ず買うのだ、という意識を持たなければならない。そうしないと、自分を大切にしたり誇りに思うことはできないからである。

半沢直樹の教え

06 やられたらやり返すという意識を持つことで、自分のことを誇りに思える

思ったことは、すぐに口に出せ！

花「難しいことはよくわかんないけどさ。ぜってー負けんじゃねーぞ!!」
花「直樹の道連れで遠くに行くのイヤだからね！」
半沢「道連れ……」

――『半沢直樹』第2話

半沢の奥さんの花は、竹を割ったような性格らしく、思ったことは何でも口にしてしまう。思慮がないとも考えられなくはないが、**物怖じせずにホンネを出すことは、とてもいいこと**である。

転勤になったり、左遷させられそうなとき、おかしな感じで慰《なぐさ》めをされるよりは、花のようにきちんとイヤだと言ってもらったほうが、かえって旦那としてはラクなのではないか。

私たちは、ともすると相手のことを考えすぎてしまって、ホンネを出さない。けれども、相手にとってはズバッとはっきり言ってもらったほうが、うれしかったりするのである。**相手にイヤなところがあれば、はっきりとイヤだと伝えてあげるべき**である。

江戸時代前期の名君といわれる池田光政は、家臣たちに「予《よ》に何か欠点があれば申し述べよ」と言った。それを聞いたある家臣が、「そこが嫌にて候」と答えたという。名君ぶるところが鼻につくと進言して、光政に感謝されたという。

普通、「イヤ」という言葉は、あまり使わないものであるが、イヤなところはイヤだと、はっきり言ってあげたほうがいいこともあるのだ。

言いたいことは、飲み込むのではなく、むしろ言おう。

言いたいことを我慢するのは、精神的にもよくない。

カナダにあるウィンザー大学のケネス・クラマーは、他人の気持ちを第一に考えて、自分のホンネを抑圧してしまうことを、**「自己隠匿《いんとく》」**と呼んだ。そして、自己隠匿をする人は、精神的に病みやすいことも研究によって確認している。

仕事で嫌な注文をされたとき、ブツブツと文句を言いながら仕事をするのは、健康上よくない。「なんだよ、あいつは……」と愚痴《ぐち》を言いながら仕事をしても、面白くもなんともないはずだ。

もし、どうしてもやりたくない仕事なら、はっきりそう言えばいいのだ。「それはできません」と。

サラリーマンは、たしかに上司に命じられたことをこなすのが仕事であるとはいえ、何でもかんでもイエスと答えなければならない、というわけでもない。できないものはできないとはっきり先に言ったほうがいいし、イヤなものはイヤだと伝えておくことも大切である。
不愉快そうな顔をして、しぶしぶ引き受けても、仕事を頼んだほうもうれしくないはずだ。**引き受けるなら喜んで引き受けるべきだし、引き受けられないなら、それもはっきりと相手に伝えたほうが、お互いによい関係を保てるのではないか**と思う。

半沢直樹の教え

07 相手にはイヤだとはっきり言ったほうが、お互いよい関係が保てる

できるだけ「超行動派」の人間を目指せ

古里「そ、そんなこと言ったってムリだよ〜。金庫室は担当課長じゃなきゃ入れないのはご存じでしょう」

半沢「ムリかどうかは、やってみてから言うんだよ！　とにかく行くぞ！」

――『半沢直樹』第6話

メンタルが強い人には、ある特徴がある。

それは、彼らが、あまり**「頭を使わない」**ということである。彼らは、あまり頭を使わない。考えることをしない。だから、結果として、あまり悩むこともないのである。言葉は悪いが、本能のままに生きているというところがあるのだ。

メンタルが弱い人は、考えすぎの傾向がある。

彼らは、何をするにしても、いろいろなことを考えすぎてしまう。だから、何も始めることができず、動き出すこともできないのだ。


メンタル力を鍛えたいのなら、「あれこれ考えるのをやめる」ことが大切だ。これを心理学では、**「思考停止」**と呼んでいる。

思考停止にはいろいろなやり方があるのだが、ひとつのやり方として、手首に輪ゴムを巻いておき、余計なことが頭に浮かびそうになるたびに、輪ゴムをグッと引っ張って、パチンと鳴らすという方法がある。

輪ゴムを鳴らす際に、「はい、この考えはオシマイ!」と声を出して、思考を停止させるのである。慣れてくれば、輪ゴムを使わなくとも、「はい、この考えはオシマイ！」と念じるだけで、頭の中を真っ白にすることができるようになる。

私たちは、もともと何かを考えるときに、明るいことを考えるというよりは、悲観的なこと、否定的なことのほうが頭に浮かびやすい、という傾向がある。これを、**「ネガティビティ・バイアス」**という。

私たちの思考は、ネガティブな方向に歪《ゆが》み（バイアス）やすいのである。だから、熟慮タイプは、悲観的にもなりやすいのだ。

半沢のように、あまり深く考えず、ガンガン突き進んでしまうような人間を目指そう。

余計なことなど考えず、出たとこ勝負で生きるようにするのだ。どうせあれこれ悩んでも、人生というのはなるようにしかならない。悩むだけ損である。大切なのは、行動することなのだ。

ジョンズ・ホプキンス医科大学のジョン・シャファーは、卒業生約１０００名を30年以上も追跡調査し、思ったことをすぐ口に出し、しかも考えたことをすぐ実行してしまうようなタイプ（半沢のようなタイプ）は、１％未満しかガンになっていないのに、言いたいことを言わずに感情を押し殺し、行動しないようなタイプは、行動派のタイプに比べてガンになりやすいことを突き止めた。

このデータからわかるように、言いたいことを口にし、何でもやってしまうのは、精神的にもよいことなのである。

あれこれ考えすぎているうちには、メンタルは強くならない。考えずに行動するようにすれば、些細《ささい》なことも気にならなくなってくるのだ。

半沢直樹の教え

08

メンタル力を鍛えたいのなら、「あれこれ考えるのをやめる」ことが重要――

小さなことで神経質になるのはやめろ

花って、イラッとさせられる部分がけっこうあるんですよね。夫が5億円の回収作業で大変な苦労をしているときに《お菓子買ってきて》って言ったり。だけど、何も考えずに言ってしまうのが花なんです。こういった完璧じゃない性格が、直樹を救っているんですよね。

——『週刊女性』2013.10.1, p157

『半沢直樹』には、いろいろな人物が登場するが、もしその中で一番「メンタルが強そうな人」を挙げることになったとしたら、私は間違いなく、半沢花（半沢直樹の妻）を選ぶ。

花は、夫が大変な目に遭っていてもどっしりと構えている。少々のことでは、微塵《みじん》も心を動かさない。

メンタルが強い人は、細かいことには頓着しないのである。

優秀な指揮官というのは、かりに戦争が起きても、あわてた素振りを見せることはない。指揮官が動揺していると、兵士はもっと動揺してしまう。兵士があわてていても、指揮官が何食わぬ顔をしてどっしりと構えていれば、その姿を見て兵士も落ち着くといわれている。

日露戦争のときの満州軍総司令官の大山巌《おおやまいわお》が、まさにそういう人だったらしく、敵が攻めてきても、一体どこで戦《いくさ》をやっているんだという涼しい顔をしていたという。

メンタルを鍛えるためには、小さなことで神経質になるのをやめることである。

「どうでもいいや」と考えるのだ。

リーダーの場合、部下に仕事をまかせたら、部下を信用して、そっくり部下にまかせるのだ。いちいち口を出さなくてもいいし、放っておいたほうがよい。

アイオワ大学のチモシー・ジャッジは、200の組織から14名のリーダーを集めて調査を行なっているが、神経質な人ほどリーダーとしては不適格であることがあきらかにされたそうである。

神経質な人は、不安傾向も高く、イライラしがちで、抑うつ傾向もあり、傷つきやすい性格でもあるという。

すべてに目配りできるのは大切なことだと思うが、それも度を超すと神経質になってしまう。

「あれは、どうなった?」

「これは、どうなってる?」

といちいち部下に確認をとろうとするリーダーは、神経質すぎるのである。臆病だから、神経質になりすぎてしまうのである。

細かいことは放っておこう。目に入ってきても見ないふりをしよう。いちいち口を出すのをやめよう。そういう心がけでいれば、神経質なところも改善されていくはずだ。

神経質な人は、人気もない。人に好かれるためには、神経質な性格は改める努力をしたほうがいいと思う。

半沢直樹の教え

09 「どうでもいいや」と考えれば、神経質な性格は改善される

しつこいくらいが、ちょうどいいと思え

やおら椅子の横に土下座すると、床に頭をこすりつけた。

「この通りだ。すまなかった。どうか許して欲しい」

「許せないな」

半沢は言った。静かな口調とは裏腹な鋭さを秘めた語調に、浅野は唖然として半沢を見上げる。

いままでさんざん嫌味をいい、半沢を追い落とそうと本部で根回ししてきた上司だ。恨みは尽きず、殺してもあきたりないほどの相手である。

「お前など銀行員の屑だ。破滅させてやる」


――『オレたちバブル入行組』p326-327

商売のコツは、〝しつこさ〟であるといわれている。

たとえば、新しいお客を獲得しようとするとき、たいていの人は、何度か相手に電話をかけて不在だと、「しつこくて、うんざりしているのでは？」と勝手に心配して、電話をかけるのをやめてしまう。自分に負けてしまうのである。相手はまだこちらと話していないのだから、何とも思っていないはずなのに。

津田秀晴さんの『アポ取りの達人』（ぱる出版）には、アポをとるときにはしつこくしなければならないというアドバイスが載せられているが、2、3回のトライで諦めていたら、アポもとれないし、仕事もとることができない。

GEのジャック・ウェルチも、「人を動かしたいなら、しつこくするしかない」と述べている。何かをやろうとしたとき、少しくらい反対されて音《ね》を上げているようでは、何もさせてもらえないのである。

もし「しつこい」という言葉に抵抗があるのなら、「マメ」なのだとでも思えばよい。

「私が何度も電話をかけるのは、しつこいのではなく、マメだからだ」

と思えば、自分も納得できるのではないだろうか。

「しつこい」という言葉には、マイナスのニュアンスが漂う。

そのため、しつこくしようとすると、多くの人は躊躇《ちゅうちょ》してしまうのである。相手に対する迷惑を考えてしまうからだ。けれども、「マメ」という肯定的な意味合いの言葉で置き換えて考えれば、しつこくすることにもためらいがなくなる。


ミシガン州立大学のマリー・バリックは、ある大手通信会社のセールス職の男女164名に頼んで、どういう人ほどセールスの成績がよいのかを調べてみたことがある。

その結果、しつこい人ほど、すなわちお客への訪問回数が多い人ほど、単純に成績がよいことがわかったという。

もしセールスの能力というものがあれば、それは「しつこい能力」であるといえるだろう。

恋愛でもそうだが、**しつこくなければ、恋は成就しない**。

「しつこい男は嫌われる」と考えて、アプローチを手控えていたら、大好きな女性は振り向いてくれない。恋愛が成功するかどうかはアプローチの回数が重要だからである。

半沢は、いったん噛みついたら離さない「マムシ」のようなしつこさを持っているが、だからこそ粘り強いのだと考えられる。

半沢直樹の教え

10 「しつこくすること」にためらいがある男は、成功できない――

Column

ドラマ『半沢直樹』は、なぜヒットしたのか？①

普通のサラリーマンが、ムカつく上司に、とても面とは向って言えないようなことを代弁してくれる。これこそ癒しでしょう。

――（『新潮』2013,October,p85）

『半沢直樹』がヒットした理由にはいくつかあるが、その理由のひとつは、半沢直樹のセリフにあると思う。

半沢のしゃべり方は、普段はごくごく落ち着いた銀行員の話し方である。ところが、なんらかの事件に巻き込まれるたび、半沢は相手が上司であろうが、役員であろうが、遠慮なく罵《のの》り言葉を口にする。

「てめえ」であるとか、「ふざけんな」であるとか、真面目な社会人がとても口に出せないようなセリフを叫びながら言ってのけるところが、このドラマがヒットした要因のひとつであると考えられよう。

「よく、言ってくれた！」

「そうそう、いいぞ、半沢！」

テレビの視聴者は、半沢が声を荒らげて罵るたびに、そうやって拍手喝采したのではないだろうか。現実の社会人は、とてもそんなセリフを口にすることはできない。それを半沢がやってくれるので、「代理満足」を得て視聴者は喜んでいたのではないかと思われる。

現実の世界で恋愛ができない人は、恋愛小説やラブロマンス映画、あるいは恋愛モノの漫画などを見ることで代理的な満足を得る。これを〝カタルシス〟と呼ぶのであるが、ドラマ『半沢直樹』は、そういうカタルシスを視聴者にプレゼントしてくれたのであろう。

半沢は男性であるが、男性というものは、基本的に感情を理性的に抑制しがちであり、あまり汚い言葉は使わないものである。

オランダにあるエラスムス大学のエリック・ラッシンによると、女性は嫌な感情を心の中にとどめておくのが苦手らしい。我慢するとモヤモヤが溜まってしまうので、友人や家族に対して、平均して1日に3・19回も悪口や罵り言葉を吐き出してスッキリするそうである。

それに比べれば、男性はより我慢強く、感情をぶちまけたりはしない。

ドラマ『半沢直樹』は、登場人物が男性ばかりである。男性向けに作られたドラマである。男性は、普段、言いたいことを口にできずに生きているから、なおさら、半沢が罵り言葉を口にするたび、歓喜していたのではないかと思う。「俺の代わりに、もっと上司を罵ってやれ、半沢！」と手をたたいて喜ぶ視聴者が目に浮かぶ。

もし半沢が淡々と業務をこなすだけの銀行員なら、そんな姿を見せられても視聴者にはカタルシスが起こらず（それ以前にドラマとして成り立たないが……）、ヒットしたかどうかはわからない。

ちなみに、半沢は、上司であろうがクライアントであろうが、歯に衣《きぬ》着せぬ物言いをする男であるが、それをそのまま真似しようとすると危険である。

やはり譲るべきところでは上司やクライアントや年配者に譲るべきであるし、「倍返しだ！」などと言わず、水に流してあげたほうが喜ばれるのではないか、と私は思ったりもするのである。

第2章

半沢直樹に学ぶ「人間力」

半沢流・人付き合いの極意をビジネスに生かせ！

人に好かれたいなら「性善説」で行動せよ

竹下「半沢はん。だまされたワシがアホやったんやろか……」
半沢「いいえ。だましたほうが悪いんです。決まってるじゃないですか」

――『半沢直樹』第2話

半沢は、基本的に人間の性善説を信じている。

性善説というのは、「人は、もともと正直で、善意に満ちた天使のような存在である」と考える立場だ。逆に、「人はみな、泥棒か、悪魔のような存在で、信頼などできない」と考える立場もあり、こちらを性悪説という。

半沢は、初対面の人間には、すべて善意を信じて接する。

「この人は、いい人だ」

という立場で接するのである。

最初から相手を疑ってかかったりしていたら、お互いの関係はなかなか親密にならない。不信の念があると、距離を置いた付き合いしかできないからである。

ところが半沢は、「人は、基本的に、みないい人ばかり」と考えているから、隠しごともせず、腹を割った付き合いをする。

そういうあけっぴろげなところがあるからこそ、相手も信用してくれるのであろう。

人に好かれたいのなら、出会う人すべてに100点をつけてあげるようにするのがいい。

「あなたは、すばらしい人だ。１００点！」

「あなたは、素敵な人だ。１００点！」

どんな人に会っても、いつでも１００点満点をつけてあげるのである。

すると、どうなるか。なんと、**こちらが相手に１００点をつけてあげるようにすると、相手もみなさんに対して１００点をつけてくれるようになる**のだ。

コネチカット大学のデビッド・ケニーは、８人ずつのグループを１組にして、１週間に一度ずつミーティングを行ない関係を深めていく、という実験をしたことがある。なお、毎回のミーティングの後には、必ずほかのメンバーについて１００点満点で点数をつけることになっていた。

何週間かが経過したところで、ケニーは不思議な傾向が見られることに気がついた。たとえば、Ａという人物がＢという人物に、あるときに95点の点数をつけたとしよう。すると、翌週にはＢさんもＡさんに95点をつけてくれるようになったのである。

つまり、前の回で、他人につけてあげた点数が、自分にもそのまま跳ね返ってくることがあきらかにされたのだ。

基本的に性善説で、相手に100点をつけてあげるとどうなるか。

相手からも、みなさんは100点をつけてもらえるようになるのである。

相手を疑ってかかったり、卑《いや》しむ気持ちを持ったりしてはならない。そんなふうに思っていると、相手からも悪く評価されてしまう。

会う人すべてに100点をつけてあげるようにするのが、自分も100点をつけてもらうことにつながるのである。

半沢直樹の教え

11 善意を信じて接すると、その相手から信用を得ることができる

人とのつながりを大切にする男だけが成功できることを知れ

半沢父「人と人とのつながりだけは、大切にせなあかん。ロボットみたいな仕事だけはしたらあかんど」

――『半沢直樹』第1話

「倍返しだ！」が口癖の半沢は、一見すると、非常に冷酷な人間に思えるかもしれない。

しかし、半沢は決して冷酷非情な人間ではない。むしろ、人間的な温かみを忘れない男である。それは、この頃の冒頭にあげた半沢の父の教えを受けていることからもわかるであろう。

半沢は、この父の教えをきちんと守っている、よくできた息子なのだ。

人とのつながりを大切にするからこそ、そのつながりを無視したり、裏切ったりする人間を絶対に許さないのが半沢なのである。まず人とのつながりを大切にするのが第一であり、裏切ったときに復讐するのは二次的なことにすぎない。

もし半沢が、ただ冷たいだけの、復讐の念にだけ駆られたヘビのような執念深い男であったら、当然ながら、友だちなどできるわけがない。

けれども、ドラマをご覧いただいたみなさまならおわかりの通り、半沢には、渡真利や近藤などの深い付き合いのある友だちもいるし、なにしろ花のように素敵な奥さんもいる。

もし本当に半沢が嫌なだけの男なら、友だちもいないであろうし、結婚もできなかったはずである。

この世は、人と人とのつながりでできている。

だから、人とのつながりが、私たちが生きていく上で一番重要なのではないだろうか。

半沢は、出世の階段をかけあがっていくけれども、それは父親の教えを忠実に守って、「人間関係を大切にする」からである。決して、ドラマだからぽんぽんと出世していけるわけではなくて、**人間関係を大切にしていれば、本当に出世できる**のだ。

カナダにあるカールトン大学のローレイン・ダイクは、さまざまな事業で成功した人たちについて、「どうしてあなたは成功できたのでしょうか？」とその理由を尋ねてみた。

インタビューした成功者には、男性も女性もいたのであるが、彼らが口をそろえて成功の第1位の理由として挙げたのが、「人間関係を大切にしたから」だったという。

成功者と呼ばれる人たちの実に75％が、「人間関係」を成功した理由の1位に挙げたのだ。

人との付き合いを大切にしよう。

人を大切にしようとせず、平然とした顔で切り捨てたり、裏切ったりするような人間は、どんな業界でもうまくいかないのだから。

半沢直樹の教え

12 出世したいなら、人間的な温かみを忘れない男になれ

他人の顔色をうかがうのだけは、絶対にやめろ

近藤「相手の顔色をうかがうのは、もうやめたんだ。本気でぶつかるってのはそういうことだろ?」
半沢「お前の言うとおりだ、近藤!」

――『半沢直樹』第7話

性格的にオドオドしていて、強く出られない人には、ある共通する特徴がある。

それは、いい人すぎて他人の顔色ばかりうかがってしまう、という点だ。

彼らは、基本的にいい人である。いや、いい人すぎるからこそ、強く出ようとすると相手がどう思うのかが気になって、強く出るのをためらってしまうのである。

「こんなことを言ったら、相手が傷つくかもしれない」

「こんなことを言ったら、不愉快な思いをするかもしれない」

「強く叱りすぎると、会社を辞めてしまうかもしれない」

そう思うから、強い態度を見せられないのであろう。


では、どうすれば強い態度をとれるのかというと、簡単な話で、**他人の顔色をうかがうのをやめればいい**のである。

「他人のことなど、知ったことか！」と割り切って考えてしまえば、いくらでも強く出ることができるだろう。なにしろ、相手がどう思うのかをまったく忖度《そんたく》しないですむのだから。

「学生が、どう自分を評価しているのかが気になる……」

という先生は、学生にすり寄る。

そういう先生は、学生に厳しく接することはしない。学生が「宿題はイヤだ」と言えば、宿題を減らしてあげるし、「授業を早く終えてくれ」と言われれば、喜んで授業時間を短縮する。

けれども、そういう先生は、学生の能力を伸ばしてあげることはできない。教育というものは、威厳《いげん》をもって臨まなければならないのに、それができなくなるからである。

そういえば、上司が部下を評価するだけでなく、部下のほうも上司を評価する、というアメリカの人事考課システムがある。360度評価などと呼ばれるシステムである。

これはフェアなやり方なのかもしれないが、三菱自動車では、2002年に導入したが、わずか1年でやめてしまった。

というのも、部下によい点数をつけてもらいたくて、すり寄る上司が続出して組織の運営にも支障をきたすようになったからである。部下の顔色をうかがっていたら、上司だって、強い態度をとれなくなるのは当然だ。

ワシントン大学のロナルド・スミスは、相手の顔色をうかがい、相手に好かれることばかりを考えると、対人関係が不安でどうしようもなくなると指摘している。

相手の顔色など、うかがわなくていい。

相手がどう思うのかなど、これっぽっちも気にしなくていい。

そんなふうに割り切るからこそ、どんな人に対しても、半沢のように強気な姿勢を保つことができるのだ。

半沢直樹の教え

13 相手に好かれることばかり考えると、強い態度は見せられなくなる

気に入らないときには、一度ブチ切れてみせろ

半沢「こっちを見ろぉー!!」
（ずっとタブレットしか見ない福山に対して怒る場面）

――『半沢直樹』第8話

私は、取材を受けるときに、タブレットやパソコンでメモをとる人が非常に苦手である。

なぜかというと、そういう人は画面に目を落としていて、私の顔をまったく見ないからだ。私は、そっぽを向かれたまま話すのが苦手なのである。そのため、「メモはとらないで、私の顔を見て話していただけませんか？　話しにくいんですよ」とお願いすることもある。

さすがに半沢のように、タブレットに向かってメモをとっている人に、「こっちを見ろぉー!!」とキレて見せることはないが、そういう気持ちになることも一再ではない。本当はキレたほうがいいのかもしれないが、なかなかそこまではできない。

さて、**人に対して強気に出るためのポイントは、たまにはキレてみせること**である。

私たちは、社会人になると、

「感情的になってはなりません」

「怒鳴り声など出してはいけません」

と、感情を抑制することを求められるが、あまりに感情を抑制しすぎると心理的に萎縮《いしゅく》してしまうという困った問題が起きてしまうのである。
プロレスや柔道などの格闘技では、試合中に選手が「うおーっ!」と吠えることがある。あれは、そうやって感情を爆発させることで、精神力を引っ張り出そうとしているのであろう。

私たちは、**大声を出すと精神力も高まる。**

声を出さずに、グリップを握らせて握力を測定すると、あまり力が出ない。ところが、「うおーっ!」と大声を出させながら同じく握力測定をすると、先ほどよりも大きな力が出せるようになることが、心理学の研究であきらかにされている。

半沢は、時に大声を出す。

そうやって自分の精神力を高めているわけであるが、そうやってキレて見せたほうが、相手をビックリさせることもできて好都合である。特に交渉のときには、そうである。

スタンフォード大学のマーウィン・サイナソーによると、模擬交渉をさせるとき、わざと大声を出して強気な態度を見せると相手からの譲歩が大きくなったという。**私**

たちは大きな声を出す人に対しては威圧されるという証拠である。

小さな声でボソボソとしゃべっていると、相手のほうが強気に出てしまう。そうさせないためには、こちらが相手よりも大きな声を出すようにすればいいのだ。そうすれば、相手を圧倒することができる。声の大きさで負けていたら、勝てるものも勝てなくなってしまう。せめて声の大きさでは、人に負けないようにしたいものである。

半沢直樹の教え

14 相手より大きな声を出せば、その相手を簡単に圧倒することができる

「嫌いな人」は、どんどん〝切って〟しまえ

「よほど嫌われたらしいな、あの黒崎って検査官に」
「あいつにならら好かれるよりは嫌われたほうがいいね」

――『オレたち花のバブル組』p242

人脈を築くことはとても大切だ。

しかし、言葉は悪いが、世の中には、タメになる人脈とタメにならない人脈があるのも事実。人と付き合うのはいいことだが、**中には自分にとって有害な人もいるのであり、そういう人とまで仲良くやろうとしなくてよい**のである。

仕事で言うと、難しいお客さんと我慢して付き合うよりは、優良なお客さんとだけ付き合ったほうがいい。「せっかくのお客さんだから……」などとムリをすると、結局は、自分のためにならない。

私たちは、イヤなお客であっても、お客であるというだけでなかなか切れない。けれども、「人に嫌われる勇気」というのもあることを覚えておこう。

ワイキューブの元社長の安田佳生さんは、社員に「顧客の1割を毎年切ること」をノルマにしていたそうである(日垣隆著『部下の仕事はなぜ遅いのか』三笠書房)。

私たちは、イヤなお客をなかなか切れないが、切ることを義務化しておけば切ることができるからである。嫌いな人と付き合っても、ロクなことがないということを知っていたのであろう。

「嫌いな人とは付き合わなくていい」

と思えば、人付き合いはもっとラクになる。

世の中には、どうしても肌が合わない人というのがいる。「だれとでも仲良くできる」というのは幻想にすぎず、実際にはムリである。

米国ケンタッキー州にあるルイスビル大学のマイケル・カニンガムは、人はある特定の人に対しては、小麦や花粉と同じような「アレルギー」を持つと述べている。いったんアレルギー反応が始まると、どうしても生理的な嫌悪感を持ってしまうというのだ。カニンガムは、これを**「社会的アレルギー」**と名づけているが、どうしても肌が合わない人は、できるだけ接触を避けたほうがいいに決まっている。それが精神的に疲労困憊《こんぱい》しないための方策である。

嫌いな人には、笑顔も見せなくていい。

そんな努力をすると、自分のことまで嫌いになってしまうからだ。

ペンシルバニア州立大学のアリシア・グランディは、笑顔でサービスしなければならない職種の秘書やウェイトレスについて、アメリカ人116名、フランス人99名を調べてみたことがある。その結果、フランス人の秘書やウェイトレスのほうが仕事に負担を感じていないことがあきらかにされたという。

というのも、フランスでは、アメリカと違って「笑顔でサービスしなさい」という義務はない。笑顔を見せるかどうかは個人の裁量にまかされていて、「笑顔でなければダメ」というわけでもない。嫌いなお客にまで愛想笑いをしなくてすむのである。

嫌いな人にまで笑顔を見せていたら、疲れるのは自分である。

そんなことにならないよう、付き合う人はきちんと取捨選択することが大切だ。

半沢直樹の教え

15 嫌いな人とは、無理をしてまで付き合わなくてもいい――

「嫌なものは見ない、嫌なことは聞かない」を心がけよ

（半沢と渡真利のやりとり）

「お前、いいのか、そんな余裕ぶっこいて」

「外野、それに中二階と、うるさい奴は大勢いる。だが、奴らがいる場所は所詮、客席だ。観客のヤジにいちいち反応してられるか」

――『オレたち花のバブル組』p220

ネットで自分の誹謗中傷を書かれたものを読み、それを苦にして自殺してしまった芸能人がいるという。私はそのニュースを聞いて、余計なことなど知らないほうがいい、という気持ちになったのを覚えている。

私は、たくさんの本を書いているが、自分の本に関してのアマゾンの読者レビューなどは見ない。ネットで自分の噂などを調べたりもしない。

なぜかというと、悪いことを書かれているのを見たら、気分が落ち込んでしまうに決まっている。気分が悪くなるとわかっているものをわざわざ読むほど、私は自虐的な人間ではない。

楽観的でいるコツは、余計な情報に振りまわされないことである。

目にするのが嫌なものからは、目を背けていたほうがいいに決まっているし、聞きたくないものからは耳をふさいでいたほうがいい。

米国マサチューセッツ州にあるブランダイス大学のデレック・アイサコウィッツによると、楽観的な人は無意識的にそれをやっているという。

彼らは、自分の気分をよくする情報には接触するのだが、嫌な気分にさせる情報からは無意識的に自分を遠ざけるようにするという。

心が弱い人は、嫌なものばかりに接触しているのではないだろうか。臭いものにはフタをしておけば目に見えないし、匂いも気にならないはずなのに、あえてフタを外して、その中をのぞき込んだりしているのではないだろうか。だから、気分が悪くなり、心も動揺してしまうのではないだろうか。

嫌なものからは、目をそらしておけばいいのだ。

もし、職場でだれかが自分の悪口を言っているような雰囲気があったら、そっとその場から離れてしまえばいい。コソコソと近くに寄って行って聞き耳などをたてているから、不愉快な思いをするのだ。

人間には、不思議なところがあって、わざわざ自分で痛い思いをしたがることがある。

身体に痛みを感じるところがあると、そこを触ろうとしたりもする。触れば痛いのなら、触らなければよいのにわざと触るのである。そういえば、治りかけのかさぶたを剥《は》がそうとする人もいる。そんなことをしたら、痛いに決まっていると思うのだが。

小さなことならそうしてもいいが、**不愉快さの度合いが高いことに関しては基本的に触れないようにしよう。**「触らぬ神に祟《たた》りなし」と言うが、余計なものに触れるから、心に痛みを感じてしまうのである。

半沢は、職場で自分がどのような印象を持たれているかなど、あまり気にしていないようである。そういうものからは目をつむることによって、心の平静を保っているのであろう。

半沢直樹の教え

16 嫌な気分にさせる情報からは、意識的に自分を遠ざけたほうがいい

〝肩書き〟でなく、〝自分自身〟で相手を信用させろ

竹下「古い付き合いのマキノ精機があんたに感謝しとったで。銀行は信用せえへん。けど、あんたのことは信じるわ。やられたらやり返すんやろ?」
半沢「はい……倍返しです!!」

――『半沢直樹』第1話

銀行員は、社会的な信用が高い。「私は、〇〇銀行に勤めていまして……」と自己紹介すれば、たいていの銀行員はそれだけで信用してもらえる。

同じことは、一流企業に勤めている社員にも言える。名前を出せばだれでも知っている企業に勤めていれば、ブランド効果によって、周囲の人たちはあなたをチヤホヤしてくれるに違いない。

だが、そういうブランドに頼っているうちはダメである。

そういう肩書きや地位や所属を取っ払っても、それでも信用してもらえるような人間にならなければならない。それが、本当の自分の魅力というものであろう。

「一流企業に勤めているときには、クライアントがチヤホヤしてくれたのに、独立して開業したとたん、手のひらを返すように冷たい態度をとられるようになった」という話は、よく聞く。

そういう悲惨な結果になるのは、相手があなたの「肩書き」と付き合っていただけで、「あなた自身」と付き合っていたわけではないからだ。ひとりの個人として、あなたを信用していたわけではないからである。

半沢は、社会的信用のある銀行員である。

だが、竹下は、「銀行は信用できないが、あんたのことは信じる」と言っている。

これほど、うれしいことはないのではないか。

ここまで言わせるのが、人付き合いの達人なのではないかと思う。


自分の勤めている企業の威光に頼っているうちは、まだまだである。

それは、他人のフンドシで相撲をとっているようなものであり、自分自身の力では勝負していないのだ。

私は、フリーで仕事をしているので頼るべき肩書きがない。自分の魅力でしか勝負できないので、人付き合いの技術を磨くことにはだれよりも一生懸命である。

小さな約束も決して破らないとか、打ち合わせのときには絶対に遅刻をしないとか、そういう細かいところに特に気を遣って、信用される努力をしている。


肩書きを抜きにして、信用される人間になろう。

それが、社会で成功するための第一歩だ。

フロリダ国際大学のマリー・レヴィットは、「困った人」についての調査研究を行なって、困った人のトップ5の4番目に、「信用できない」がランクインされることをあきらかにした(ちなみに、困った人の1位は「ワガママ」であった)。

人に信用されることは、非常に大切なのである。

人に信用されるのは、なかなか大変であるが、肩書きや地位などを抜きにしても自分を信用してもらえるようになれば、たいしたものである。

半沢直樹の教え

17 肩書きや地位に頼っていると、いつまで経っても自分の魅力で勝負ができない

八方美人だけには絶対になるな！

「まさかお前、自分がみんなに好かれていると思っているわけでもあるまい？」

「どう思われようと関係ないな」

半沢はさらりとかわした。

――『オレたち花のバブル組』p232

半沢は、あまり他人の評価を気にしない。他人の評価をいちいち気にしていたら、自分の本当にやりたいことができなくなってしまうからである。

「人に好かれよう」

と努力することは人としてとても大切だと思うが、八方美人になりすぎないことも同じくらい重要である。なぜかというと、八方美人になればなるほど、どうしてよいかわからなくなるからだ。

「船頭多くして船山に上る」という諺《ことわざ》があるが、Aさんが「右に行きたい」と言い、Bさんが「左に行きたい」と言えば、八方美人だと動けなくなってしまう。なぜなら、人に嫌われることを極端に恐れるようになってしまうからである。

現実的に言って、**どんな人からも好かれようというのは不可能**である。

だとすれば、自分の信じた道を進むためにも、八方美人でありすぎることはやめなければならない。

それにまた、読者のみなさんは、「みんなにいい顔をしていれば、だれからも嫌われることはないだろう」と信じているかもしれないが、それは誤解である。

実際には、**だれに対してもいい顔をしていると、だれからも信用してもらえなくなるのだ。**ウソだと思うかもしれないが、これは本当のことである。

ウィスコンシン大学のエレイン・ウォルターは、コンピュータ上のデート実験において、どんな男性にもいい顔をする女性(実はサクラだったのだが)は、意外なことに一番嫌われてしまうことを確認している。

「あいつって、だれにでもペコペコしてるよな」
「あいつって、だれにでも尻尾を振るよな」
と思われてしまったのでは、元も子もない。

マイナスの評価を受けるくらいなら、いっそのこと八方美人をやめたほうがいい。

他人の評価が気になって、八方美人になってしまうのは自信がないからだ。自分に自信がないから、他人の評価ばかりが気になるのである。

もっと自分のことを信じよう。そうやって自信を持つようにすれば、他人の評価など気にしなくなる。

ナルシストという言葉は、ワガママで自己中心的な性格の人を指す。

一般にはあまり好まれない性格だとされているけれども、私はもっとナルシストになったほうがいいと思う。というのも、ナルシストは自分に自信があり、他人の評価などあまり気にせずにすませられるからである。

米国ロチェスター大学のミロン・ズッカーマンは、精神的に健康な人は、ナルシストに多いというデータを報告しているが、**ナルシストになるのは決して悪いことではない**のだ。

半沢直樹の教え

18 他人の評価を気にしていたら、自分の本当にやりたいことができなくなる――

人に不愉快なことをしたら、時効などないと心得えよ

半沢「銀行に時効などありませんよ。覚えていようといるまいと、あなたのしたことの責任はキッチリ取っていただく」

――『半沢直樹』最終話

私たちは、他人にひどいことをしても、すぐに忘れてしまう。

けれども、あなた自身のことを考えてみてほしい。

他人からされた嫌なことは、いつまで経っても忘れられないのではないだろうか。だとしたら、他人だって、あなたにされた嫌なことはいつまでも忘れるはずはないのである。

信用というのは、築き上げるのはとても大変なのに、なくすのは一瞬である。そして、いったん失った信用は、基本的には二度と取り戻せない。だから、信用を失わないために、努力しなければならないのだ。

人間というものは、ヘビのように執念深いので、自分に不愉快なことをしてきた人のことは決して忘れない。半沢も執念深いところがあって、自分の敵に対してはその怒りを忘れないようであるが、これは半沢にかぎらず、たいていの人はそうなのである。

いったん相手に迷惑をかけると謝りに出向いても決して許してくれない、と思ったほうがいい。

「また、何かありましたら頼みます」と相手は許してくれたような言葉をかけてくれるかもしれないが、二度と仕事はまわってこないと心得るべきである。

もともと人間は、忘れっぽい。

これを**「記憶の忘却作用」**という。

けれども、不愉快な思いをしたことは決して忘れることがない。トラウマのようになってしまった出来事は、何十年経とうが、忘れられないのだ。

オランダにあるレイデン大学のゲジナス・ウォルターズによると、なぜ不愉快なことが忘れられないかというと、頭の中でくり返し反芻《はんすう》されるために、いつまでも新鮮な記憶のままで保存されるからであるという。そのため、忘却作用が働かないのだ。

人に嫌われないように注意することは大切だ。

もしひどいことをしたら、相手は決して忘れないと覚悟すべきだ。

もし相手に迷惑をかけたり嫌なことをしてしまったのに、付き合い自体が継続することになったときには、何ヶ月、何年経とうが、「もう水に流してくれたろう」などと思ってはならず、いつまでも謙虚にお詫びの気持ちを持ちつづけながら、〝お付き合いさせていただいている〟という殊勝な姿勢で接したほうがいいのではないかと思う。

もちろん、**人に恨まれず、嫌われないように心掛けることが第一**である。交わした約束はきちんと守るとか、「親しき中にも礼儀あり」の精神を持とう。そういう点を気をつけることが、人間関係においては非常に重要なのだ。

19

半沢直樹の教え

あなたにされた嫌なことは、相手はいつまでも忘れることはない

嫌いな人とも、あえて積極的に付き合ってみろ

花は、社宅の夫人の集まりには必ず顔を出し、差し入れのお菓子を買うために朝から行列店に並ぶ。副支店長夫人からビミョ〜な柄のスカーフをプレゼントされても、ニッコリ笑って巻く。

——『女性セブン』2013.9.5, p45-46

社会に出れば、だれしも苦手な人、生理的に嫌いな人のひとりや2人には必ず出会うものである。学生なら、そういう人とは付き合わないようにすればいいのだが、社会人はそうはいかない。嫌いな人とも、適当な距離を保ちながら表面的にはにこやかに付き合う術《すべ》が求められる。

「私は、あの人嫌いだから、話したくない」では、社会人失格である。

半沢花のように、しなやかに、たくましく付き合っていこう。

苦手な人と付き合うときのコツは、そういう人を避けようとするのではなくて、むしろ相手の懐《ふところ》に飛び込んでいくことである。「えいやっ！」とばかりに相手の懐に飛び込んでみると、意外に気さくで付き合いやすい人であることがわかったりもする。

どんなに苦手な人であろうが、こちらから声をかけ、にこやかに世間話などをしているとけっこう嫌悪感は薄れていくものである。

人間の適応能力というのは、非常に高くできていて、苦手な人とも付き合っているうちに慣れてしまうものである。

熱いお風呂に入るとき、足を入れたときには熱く感じても、我慢して肩までつかってしまえば、わずかな時間で熱さに慣れてしまうのと同じように、苦手な人とも、2、3日こちらから話しかけていれば、苦手意識のようなものは消えてなくなる。

イギリスのエクセター大学のミリアン・コシャッテは、ある大きな郵便配送会社の社員264名を対象にした調査で、仕事がらみでほかの社員と接することの多い人ほど、ほかの社員に対する苦手意識がなくなることを確認している。

私たちは、頻繁に接触していれば苦手意識など吹き飛んでしまうのである。

苦手だからといって、話しかけなければどうなるか。

おそらくは、いつまでも苦手意識が続くし、嫌悪感もなくならず、人間関係で苦しい思いをするであろう。

そんな思いをするくらいなら、いっそのことこちらから声をかけて、苦手意識を払しょくしてしまったほうがいいのではないだろうか。

「食わず嫌い」という言葉があるが、人間に関しても食わず嫌いでいることはけっこう多い。嫌いだと思っていても、ムリをして食べてみるとそんなに嫌いでないことがわかるのと一緒で、人に関する食わず嫌いも、ちょっと勇気を出して話しかけてみるだけで、簡単に氷解してしまうことは少なくないのである。

半沢直樹の教え

20 たとえ苦手な人であっても、付き合っているうちに苦手意識はなくなる——

Column

ドラマ『半沢直樹』は、なぜヒットしたのか？②

言われたとおりにやっても、最近は視聴率が取れない。ならば、どうせ当たらないというスタンスで、言われていたことを全部無視して、自分が面白いと思うようにやりました。恋愛もないし、主題歌もない。

――『週刊朝日』2013, 9.13, p24

これは、『半沢直樹』の監督、福澤克雄さんの言葉である。福澤さんは、当初まったくこのドラマがヒットするとは思っていなかったらしい。適当に数字がとれればそれでよかったのだという。

ヒットするドラマというと、恋愛がテーマで、主題歌には、一流のミュージシャンがタイアップの曲を書いて、というものが多いが、『半沢直樹』ではそういう従来の法則をすべて無視している。内容も、銀行員のお話であるし、男ばかりが登場するので、むさくるしい印象を与える。

もしマーケティングなどをして、視聴者が望んでいるような形でドラマを作っていたら、どうなったか。

おそらくは、パッとしない内容のつまらないドラマになってしまったはずだ。いろいろな人の意見を取り入れようとすると、結局は、つまらないものにしかならないのである。

本田宗一郎さんは、「マーケティング調査と女の心は信用できない」と語っていたそうであるが、たしかに調査などをして視聴者のホンネが暴き出せるのかというと、なかなかそう都合よくはいかないらしい。

ロバート・M・マックマスの書いた『80,000点に学ぶ新製品開発マーケティング』(東急エージェンシー)という本によると、あるビール会社が一生懸命にマーケティング調査をした結果、消費者は「太らないビールがほしい」という欲求を持っていることがわかったという。

「これだ!」と喜んだメーカーが「低カロリー」のビールを作ってみたものの、これがさっぱり売れなかったそうだ。低カロリーでも、味がまずければ、だれもそんなビールなど飲みたくはなかったのである。マーケティング調査をしたからといって、必ずしも売れるものが作れるとはかぎらない。

ドラマ『半沢直樹』は、福澤監督が、自分の作りたいように作ったのがよかったのではないだろうか。そういえば、スタジオジブリがアニメ映画を作るときにも、マーケティングがどうのとか、戦略がどうのというよりは、スタッフが作りたいものを作りたいように作るのだそうである(『ブランド力』山田敦郎、グラムコ・ブランドマーク研究班著、中央公論新社)。世界中でヒットするように、これこれのテーマにしようとか、そういうことは一切考えないのだそうだ。

やはり、好きなことを好きなようにやるのが一番なのかもしれない。

好きなことを好きなようにやっていれば、そのうちに面白いものができてくる。そして、自分が面白いと思ったものは、ほかの人も同じように面白いと賛同してくれる人が出てくるものなのである。

最初から「メガヒット」を狙わず、自分の好みと賛同してくれる特定の人にだけファンにするという「マイクロヒット」を狙おう。そのほうがうまくいく見込みが高くなることもあるのだから。

第3第

半沢直樹に学ぶ「発想力」

どんな逆境にあってもココロを奮い立たせる心理ワザ

困難にぶつかったら、「不安」を「やる気」へと転換させよ

半沢「人の善意は信じますが、やられたらやり返す。倍返しだ。それが私の流儀なんでね」

——『半沢直樹』最終話

普通の人は、仕事で失敗すると、どうなるか。

たいていの人はやる気をなくすのではないかと思う。

けれども、**成功者と呼ばれる人たちは違う。彼らは仕事で失敗すると、かえって発奮して、もっともっと頑張るのである。**半沢も困難にぶつかると、かえって発奮するタイプであるといってよい。

半沢の口癖は、「倍返し」。

こういう成功者タイプによく見られる人物は、仕事で失敗したときにも、めげたりはせず、むしろやる気が燃え盛る。だからこそ、困難を乗り越えることができるのである。

ドナルド・R・キーオの『ビジネスで失敗する人の10の法則』（日本経済新聞出版社）によると、成功者に見られる特徴は〝挑戦への意欲〟である。これがないと、どんな業種の仕事でも必ず失敗するという。

失敗したら、努力を倍増させるのだ。

「よし、燃えてきたぞ！」

「よし、面白くなってきたぞ！」

と自分に言い聞かせるのもいい。

そうやって自己暗示をかけて、困難な仕事を克服するためのチャレンジとして考えるようにするのだ。困難な課題を達成するためのゲームだとでも思えば、失敗しても落ち込んだりせずに、むしろ興奮することができる。

ボストン大学のマイケル・チュゲイドは、心が頑強な人の特徴として、不安や緊張などを感じても、それを「やる気」や「興奮」に変えてしまう能力をあげている。

普通の人なら、ちょっとでも壁にぶつかると「不安」を感じるものだが、心が頑強な人は、それを別の感情、すなわち「やる気」や「興奮」にうまくすり替えてしまうものなのである。

半沢は、困難にぶつかるたびに、おそらくは「興奮」を感じていたはずだ。「面白い、やってやろうじゃないか！」という気持ちでいたからこそ、困難に立ち向かうことができたのではないだろうか。

２０１３年のドラマ『半沢直樹』の半沢は、第一部では5億、第二部ではなんと

200億ものお金を回収しなければならなくなるが、困難が大きいほど半沢はやる気を出す。この姿勢を私たちも見習いたい。

半沢直樹の教え

21 「不安」を「やる気」にすり替えれば、困難をうまく乗り越えることができる——

目標を決めろ、そうすれば自然とやる気は出る

半沢「もし5億を取り戻すことができたら、今回の件、土下座して詫びてもらいます。よろしいですね」

――『半沢直樹』第1話

「人に土下座をさせる」というのは、あまりよい目標ではない。どこか邪《よこしま》さを感じさせる目標ではあるが、半沢は、「あいつを土下座させてやる！」という目標を立ててやる気を出している。

さすがに、人に土下座をさせるのを目標にするのはどうかと思うが、

「あの部長の鼻をあかしてやりたい」

「社長に一泡吹かせてやりたい」

「クライアントに一目置かせるようになりたい」

「周囲の人の私の見る目を変えさせたい」

というくらいの目標であれば、どんどん持つべきである。

なぜ、目標を決めたほうがいいのか。

その理由は、やる気が高まるからである。

漫然と仕事をしているうちには、いまいちやる気が出てこないが、**「あいつに目にもの見せてやる！」という目標があれば、その目標を意地でも達成しようとして鬼のように頑張ることができる**のである。

半沢は、すぐに何かしらの目標を立てる。「俺が5億の回収をしてやる」「土下座させてやる」という具合にである。

こういうタイプは、自分でやる気を引っ張りだすのがうまいタイプでもある。

英国のウォルヴァーハンプトン大学の心理学者アンドリュー・レイムは、半沢のようなタイプ（怒りっぽい人、すぐに熱くなる人）ほど、ハードルを高く設定し、そのハードルを越えるために必死に努力する結果として実際によくできるようになる、と指摘している。

レイムによると、スポーツマンでも、ハードルを高く設定するクセのある人ほど実際のパフォーマンスは高くなるそうである。目標を立てるのがうまい人は、その目標に向かって邁進《まいしん》できるからであろう。

ビジネスで大切なのは、結果だ。

結果さえあげられるのなら、それがどんなに邪な目標であっても自分なりに持ったほうがいい。

半沢は、「土下座させてやる」という、倫理的に考えればあまりよろしくない目標によって自分を鼓舞《こぶ》しているが、よくよく考えてみると、私だって「お金持ちになれば女性にモテるんじゃないか?」と信じて仕事を頑張っているわけであり、邪な下心があるわけである。

邪な気持ちだろうが、下心だろうが、何だっていいのだ。

それがあれば、自分はもっと頑張れるという目標さえあれば、人は今の2倍も3倍も努力することができるのである。

半沢直樹の教え

22

たとえ邪な目標であっても、それがあることで人は邁進することができる

「復讐の念」でさえ、モチベーションを高める武器にせよ

半沢「私は必ずあの男を見つけ出し、あなたや私が味わった以上の痛みを味わわせてやる！」

——『半沢直樹』第１話

半沢は、自分を酷《ひど》い目に遭わせた人間に土下座をさせてやる、という目標で、仕事のモチベーションにしていると述べた。

さらに半沢が、あれほどがむしゃらに仕事に取り組むことができる背景には、「復讐の念」というものもあるのではないかと思う。

原作とは少し違っているが、ドラマにおいては、半沢の父は借金の取り立てにあって自殺をしてしまう。半沢は父の無念を晴らすために、すなわち、復讐するために銀行員になるのであって、それを自分のモチベーションの原動力としている。

たとえどれほど薄汚れて、邪な気持ちであっても、目標があるのとないのとでは、まったく違ってくる。目標があれば、人はモチベーションがいやがうえにも高まるのである。

したがって、**復讐の念を上手に転化させて、それによって自分のモチベーションにするのもよいアイデア**だといえる。

女の子の場合、好きな男性から「俺はデブが嫌いなんだ」と断られ、その男性に目にものを見せたいという復讐の念から、必死にダイエットや美容整形をし大変な美人になるようなことも、現実にはあるのではないか。

ただダイエットしようとしても三日坊主になりがちであるが、復讐の念があれば、それこそ必死の努力を続けられるのではないか。

また別の例として、「お前はバカだなあ」と先生にからかわれたことで、先生の鼻をあかすために、必死になって努力をつづけ、優秀な学生へと変貌《へんぼう》を遂げることもあるのではないか。

このように考えると、〝復讐の念〟というものも、決してネガティブなものではなく、自分を変化させるためのポジティブな原動力として利用できそうである。

「復讐」という言葉には、どこか隠微《いんび》なニュアンスがつきまとう。

だがしかし、それによって自分のモチベーションが最高潮に高まるのであれば、決してマイナスの感情などではなくて、むしろ大歓迎してもいいくらいである。


ハングリー精神というのも、復讐の念に似ている。貧乏に対して憎しみがあるからこそ、その貧乏から抜け出すために私たちはいくらでも努力できるのである。貧しい人ほど成功するのは、ハングリー精神とか、絶対に貧乏なままでいたくない、という気持ちの度合いが高く、それゆえいくらでも努力できるからである。

トマス・J・スタンリーとウィリアム・D・ダンコが調べたところ、米国でもっとも成功の見込みが高いのは、移民の第一世代であるという。

彼らは、非常に貧しい状況にあり、しかも英語も満足に話せないという最悪の状況にあるわけだが、だからこそハングリー精神が高く、成功するのだという(『となりの億万長者　成功を生む7つの法則』早川書房)。

どんな気持ちでも、それによって頑張れるのなら大歓迎しよう。

大切なのは、結果を出すことであって、きれいごとを言うことではないのだから。

半沢直樹の教え

23 「復讐の念」を上手に活用することで、成功者になれる

退路を断て、そして背水の陣を敷け

「オレは出向して初めて、自分がいかに銀行員であるか悟った。だけど、帰りの切符は捨てたと思ってる。退路を断つぐらいの覚悟がなきゃ、あの会社は良くならない。体を張らないとな」

——『オレたち花のバブル組』p81-82

冒頭のセリフは、半沢のものではなく、友人の近藤のものであるが、非常に参考になると思うのでご紹介させていただいた。

近藤は、ほかにも次のように述べている。

「あんたになにがわかるんだい」

敵愾心《てきがいしん》をまとった野田は吐き捨てた。「気にくわなければ逃げ帰る場所がある奴に、ここにしがみついてなきゃ生きていけない人間の気持ちがわかるのかよ」

「わかるさ」

近藤はいった。「逃げ帰る場所なんかない。あんたは勘違いしているようだが、銀行に戻ったところでオレの居場所はない。そんなに甘いもんじゃないんだ。オレはこの会社に骨を埋めるつもりできた。だから本気で会社を良くしたいと思ってる。(以下略)」

(『オレたち花のバブル組』p215)

もし逃げ道があったら、どうなるか。人間というのは弱い存在であるから、そこを頼りにし、すぐに逃げ出すに決まっているのである。**退路を塞《ふさ》いで、もはや逃げ道などない、という状況にならないと、私たちはなかなか本気になれるものではない。**

ローマの英雄ジュリアス・シーザーがイギリスに遠征したときのことである。

上陸するやいなや、シーザーは、「船を焼け」と命じる。兵士たちはシーザーがおかしくなってしまったとでも思ったであろう。船を焼いてしまったら、自分たちが逃げられなくなるからである。

けれども、シーザーは逃げ道を絶つことで、「前に進むしかないんだ」と兵士を本気にさせ、遠征を成功させるのである。

いたずらに才能に溢れている人は、違う意味で不幸である。

彼らは才能に溢れているため、どんな仕事をしても、それなりにうまくやってしまうため本気になれないのである。

ところが、**才能がない人は、「私には才能などないから、今の仕事を頑張るしかない」と決意することができる。**だから、ひとつのことに全精力を傾けることができる。

その意味では、才能がない人のほうがよかったりするのである。退路が立たれていれば、すなわち、ほかに道がなければ私たちは本気にならざるを得ないからだ。

すぐに逃げるクセのある人は、あらかじめ自分の退路を絶つようにしてみるといい。退路が絶たれれば、人は頑張らざるを得なくなる。「リスクヘッジだから……」などとカッコいいことを言って、たくさんの逃げ道を作っていたら、ひとつのことに本気になれるわけがない。

仕事もそうで、本業以外にあれこれと手を出すのではなく、むしろ**逃げ道を絶って本業一本でやっていこう、という会社や人のほうが結局は生き延びることができる**ものなのである。

半沢直樹の教え

24 退路が絶たれれば、人は頑張らざるを得なくなる

つねに、しつこく、執念深い人間であれ

半沢「いえ、そう簡単には終わらせません。もっと、もっと追いつめて、自分の犯した罪以上の苦しみを味わってもらいます」

——『半沢直樹』第5話

ビジネスで成功する秘訣は、〝しつこさ〟と〝執念〟である。

ビジネスモデルがどうとか、将来性とか、収益性とかは、まったく関係ない。どれほど立派な事業計画書であろうがどんなに優れた技術を持っていようが、何がなんでもやり遂げてやる、という強い執念がなければ、事業としては立ち上がっていかない。ヘビのような執念深さが必要なのだ。

大前研一さんも、『ビジネス力の磨き方』（PHPビジネス新書）の中で、執念の大切さについて説いている。小泉元首相の郵政民営化は、内容の是非はともかくとして30年も前から民営化しつづけたいと願った彼の執念のたまものであるという。「民営化するぞ！」という執念を忘れなかったからこそ、小泉さんは民営化できたのだ。

執念があるからこそ、仕事はうまくいくのであって、執念がなく、すぐに物事を放り出していたら、うまくいくものもうまくいかなくなる。

オハイオ州立大学のハワード・クラインは、「継続性」こそが、パフォーマンスを高める上で非常に重要な要素だと指摘している。何を成功させるにも、継続できなければ話にならない。

才能や能力より、大切なのは努力。

もし才能があるとしたら、それは努力できる才能である。

発明王のエジソンは、才能や能力といったものは、もし関係するとしてもせいぜい1％にすぎず、残りの99％は本人の努力によって決まるのだという意味のことを述べているが、天才のエジソンでさえ、努力が大切であることを認めているというのは興味深い。

執念深い人間になろう。

それこそ死にもの狂いになってとり組まなければ、物事は成就しない。中途半端にしかやらなかったら、中途半端な結果しか得られない。

では、どうすれば執念深くなれるのかというと、自分を追い込むことだ。

自分を徹底的に追い込めば、死にもの狂いにならざるを得ない。逃げ道がなければ、人は本気で頑張ろうという気持ちになるのだ。

本田直之さんは、『なまけもののあなたがうまくいく57の法則』（大和書房）の中で、背水の陣を敷くようにすれば、だれでも頑張ると述べている。

たとえば、医師から「体重を落とさないと死にます」と宣告されたら、だれでも必死でダイエットするだろうし、いきなり海外勤務を命じられたら、どんなに英語が苦手だろうが、死にもの狂いでマスターする気になるというのである。

自分を甘やかさず、どんどん追い込もう。

そうすれば、みなさんは執念をもって取り組むことができるはずだ。

半沢直樹の教え

25

自分をとことん追い込むことで、執念深い人間になることができる

相手の息の根を止めるまで、攻撃はやめるな

「そうはいきません。このまま曖昧にしては、私のプライドが許さない。行内で処分されれば済むという問題ではないので。これは木村部長代理と私の問題です」

「い、いや、済まなかった、半沢次長。申し訳ない」

木村は詫びた。だが、「土下座は?」という半沢の声に体が凍り付く。

――『オレたちバブル入行組』p352

この記述を読むと、半沢が非常に冷徹で、血も涙もない人間であるかのように思われるかもしれない。

しかし、相手を徹底的につぶす、という半沢のやり方は、決して間違いではないのである。

読者のみなさんは、「宋襄の仁《そうじょう》」という言葉をご存じであろうか。

『春秋左氏伝』に出てくるお話なのであるが、〝無用の情け〟という意味である。

中国の春秋時代に宋《そう》という国があり、楚《そ》という国と戦ったことがある。楚軍が川を渡り始めたとき、将軍が「敵が渡り終えないうちに攻撃しましょう」と進言したが、宋の襄公《じょうこう》は、「君子は人の弱みにつけこまない。少し待ってやろう」と無用な情けをかけてしまった。

そのため、さんざんに打ち破られたという故事からできた言葉が、「宋襄の仁」である。**やっつけることができるときには、徹底的に叩きのめさないと、後々、自分がやられることになってしまうのである。**

相手が謝罪してきたら、許してやるのが大人なのかもしれない。

けれども、相手を叩き潰し失脚させておかないと、いつ反撃されるかわからない。そういう将来の危険の芽を摘《つ》んでおくためにも、謝罪してもらったからといって簡単に許してはならないのである。

弱っている相手は、さらに追い込んでおいたほうがいい。

息の根を止めるところまでやれば、相手は完全降伏し、二度と自分に歯向かわなくなるからである。

火事が起きたとき、消防の人は、火が上がらなくなってもさらにしばらくは放水をつづける。なぜそうするかというと、ひょっとするとまだ火種が残っているかもしれず、再び火があがるかもしれないからである。だから、しつこく放水をつづけるのだ。

サーカスなどの動物の調教師は、ライオンやトラなどの猛獣をどうしつけるか。

猛獣といっても、生まれたばかりの赤ちゃんの頃なら人間でも勝てる。だからその時期に徹底的にムチを与えて、「この人には勝てない」ということを教え込むのだそうである。

すると、猛獣が成長して大きくなり腕力では勝るようになっても、歯向かう気持ちすら抱かなくなり、調教師には従順な態度を見せる。

「すまない」とお詫びしてきた相手には、そこで許してやることも可能だが、土下座までさせることによって完全降伏を求める半沢は、決して〝やりすぎ〟ているわけではなく、徹底的にやることによって、将来の禍根《かこん》を絶っているのではないかと思われる。

26

半沢直樹の教え

相手を徹底的に叩きのめしておかないと、後で自分がやられることになる

うつむくな、つねに顔をあげていろ

遠慮ばかりしていても、認められることはない。だったら思い切り本音で行こうじゃないか。本当の自分をさらけ出し、それで認められなければしょうがない――。

そう思ったとき、暗く後ろ向きだった近藤の精神に、どこからともなく一筋の光が差してきた。近藤にとって俯くだけの四十代は、顔を上げる四十代へと変貌したのだ。

――『オレたち花のバブル組』p74

うつむくだけの生活を送っていた半沢の友人、近藤は顔をあげることを決意した。そう決意して、近藤は立ち直る。

「顔をあげる」ということは、文字どおり、自分の心を奮い立たせるためにはよい作戦である。うつむいていたら、心も折れてしまう。だから、**ムリをしてでも顔をあげるようにしたほうがいい**のだ。

スポーツでも、格闘技でも、試合中にコーチや監督から、「顔をあげろ！」「アゴを下げるな！」という檄《げき》が飛ぶことが少なくない。なぜ、そういう檄を飛ばすのかというと、うつむいていたら相手に負けてしまうからである。心がくじけないよう、たとえ劣勢でも、顔をあげて強がって見せたほうがいいのだ。

これは、心理学的に言っても正しい。

どんなにつらいときにも、いやつらい状況だからこそ、顔をあげるようにしよう。

そういう姿勢をとっていれば、元気だって出てくるものなのである。

私たちは、姿勢の影響を非常に強く受ける。

コロラド大学のトミー・ロバーツは、胸を張り、顔をあげるような姿勢をとらせると、肩を落とし、うなだれた姿勢をとらされたときよりも自分に自信が持てるようになることを実験的に確認している。

ロバーツによると、特に男性は姿勢の影響を受けやすく、うなだれていると自信がなくなってしまうことも突き止めている。

心が弱っているときでも、ムリをして顔をあげていれば勇気がわいてくる。

心が弱っているからといってうなだれてしまうから、さらに落ち込んでしまうのである。落ち込んだときには、カラ元気を出して、少なくとも顔くらいはあげておいたほうがいい。

強がって見せていれば、本当に強くなれる。

近藤は「うつむくのはもうヤメだ」と決意しているが、これは非常によい決意であると思う。強い人は、どんなときでもうつむいたりはしないものなのである。

歩くときも、デスクワークをするときも、姿勢には気をつけよう。

うつむいていないか、胸を張っているか、顔をあげているか。そういう点には、たえず意識を向けなければならない。知らないうちにうつむいた生活を送ることのないよう、姿勢には気をつけるべきなのである。
姿勢に気をつけていればこそ、心にも強さが生まれるのだ。

半沢直樹の教え

27

心が弱っているときでも、無理して顔をあげていると勇気がわいてくる

自分からタオルを投げ込むことだけはするな

「いいでしょう」

半沢はこたえた。「私どもでナルセンの業績を確認させてください。その上で、いまの指摘に対する納得できる回答をする。それなら問題ないんじゃありませんか」

「ふうん。白旗を上げるのかと思えば、まだやる気なのね？　いいの？タオルを投げなくて」

――『オレたち花のバブル組』p153

日本企業は、なぜ一流なのか。

その理由は、**決して、決して、諦めないから**である。どんなに厳しい状況に置かれても、なんとかしてしまうのが日本人の心意気であり、日本企業の強さである。日本人は、もともと農耕民族で粘り強さもある。

最近でこそ、「飽きっぽい人」「すぐ投げ出す人」が増えたように思われるし、それに歩調を合わせて経済もパッとしない印象を受けるが、「ジャパン・アズ・ナンバーワン」と言われた時代もあったのだ。それもこれも、日本人が粘り強かったおかげである。

ブリガム・ヤング大学のリー・トム・ペリーは、インテル社・3代目社長アンドリュー・グローブの言葉として、「私は、日本企業を軽くみたことが一度もない。彼らは決して諦めない」というセリフをその著書で引用している(『攻撃戦略』ダイヤモンド社)。日本企業の強さの秘訣は、粘り強さなのである。

半沢直樹は、かつての日本人の粘り強さを体現している。

「簡単に諦めるな」

「すぐに投げ出すな」

半沢直樹は、そういう戒めを現代の日本人にしているのではないだろうか。

日本は、ものづくり国家として世界の企業と激しい競争をしている。資源の乏《とぼ》しい日本が世界と勝負するためには、最後までタオルを投げない姿勢がどうしても必要である。

まだ勝てる見込みがあるのに、タオルを投げ込んだら、そこで試合終了である。もうちょっと、もうひとふんばりすれば逆転できるかもしれないのに、タオルを投げた時点で、白旗をあげたことになるのだ。

半沢は、決して諦めることをしない。自分からタオルを投げ込むなど、もってのほかと考えるタイプである。こういう心の強さを持たなければならない。

中途半端な努力は、努力とは言わない。**人の5倍、10倍の努力をして、はじめて努力**なのである。

ドイツのマックス・プランク研究所のラルフ・クランプは、アマとプロのピアニストの違いはただひとつ、子どもの頃の練習量であることを突き止めた。

アマの練習量が週に3時間なのに、プロのほうは週に33時間なのである。10倍も練習していれば、うまくなるに決まっている。

諦めなければ、どうにかなる。

最後までタオルを投げ込んではならない。

28

半沢直樹の教え

どんな厳しい状況に置かれても、諦めなければ必ずどうにかなる

成功者になるために、いつでも野心家であれ

「どうせ銀行に行くなら偉くなれよ、直樹。偉くならなきゃ、あれほどつまらん組織もないだろう。偉くなって、うちみたいな会社、いっぱい助けてくれ。頼むぞ」

「まかせとけって。オレ、頭取になるからさ」

父はまた豪快に笑った。

――『オレたちバブル入行組』p348

「出世なんかしなくていい」

「社長になんか、なれなくたっていい」

最近は、出世に対しての意欲がない人が増えているという。ほどほどにしか頑張らない自分を正当化するために、出世の意欲がないのであろう。

出世の意欲がない人が、仕事で頑張れるものであろうか。

粘り強く、コツコツとひとつの仕事を継続できるものであろうか。

とても、そんなことは期待できない。なにしろ、出世しなくてもいいという人には、モチベーションを高める意欲が決定的に不足している、というか、もともと意欲がゼロなのであるから。


野心を持とう。


「私は、○○になってやる！」という野心があればこそ、人は動機づけられて、人の2倍も3倍も頑張ることができるようになるのである。

かつて、『ハーバード・ビジネス・レビュー』誌において、各業界の成功者約2000名に対して、その成功の秘訣を尋ねるアンケートが行なわれたことがある。

その結果、成功者たちの93・5％は、「自分がうまくいったのは、〝野心〟があったから」と答えたそうである。

何も野心など持たず普通に仕事をしていたら、いつの間にか成功者になってしまった、ということはありえない。心の中に野心があるからこそ、それを叶えるために頑張ろうとするのである。

半沢には、野心がある。

それは銀行の頭取になるという野心だ。

２０１３年のドラマにおいて、半沢の役職は第一部では課長であり、第二部では次長であるが、そのうちに部長、頭取へと上り詰めていくであろう。

それは、ドラマの架空の世界だからではなくて、現実の世界でも野心家ほど成功することがわかっているからである。

野心とか、野望というと、何やらギラギラした醜《みにく》い欲望を連想してしまうが、決してそうではない。それは大きな希望であり、夢なのである。

私たちは、夢があるからこそ頑張ることができるのであって、夢も何も持たなけれ

ば、心の中に芯《しん》のある強さを手に入れることはできない。

粘り強さを支えるのは、何よりも野心である。強烈な野心を抱くことは、悪いことでもなんでもなくて、自分を鼓舞するための必要不可欠な要素であるといえるであろう。

半沢直樹の教え

29 心の中に野心と野望がある者だけが、真の成功者になれる

自分の人生くらい、自分で切り開け！

半沢「自分の身くらい自分で守る」

――『半沢直樹』第3話

福沢諭吉は、「独立自尊の精神」の必要性を説いた。

自分のことは、自分でなんとかしなさいという意味である。人に頼らず、自分でどうにかすることを考えることが大切だというのだが、それを実践しているのが半沢だ。

新人社員の中には、自分ができないことを棚《たな》に上げて、

「だって、先輩に教えてもらっていないし……」

「だって、上司に指示されていないし……」

という人がいるという。人に甘えているのだ。こういう人が、精神的に強くなれるかというと、とても期待できそうにない。

精神的に強い人は、そもそも他人などアテにしないものだ。

「自分のことは自分でなんとかする」というのが当たり前だと考えるので、最初から他人に頼ったりしないのである。

自分の人生は、自分でコントロールしよう。

他人によって、コントロールされるのではなく、自分でコントロールするのだ。そういう気持ちがあれば、他人など頼らなくなる。

南カリフォルニア大学のトーマス・デューバルは、仕事がうまくいかないときに、「上司が悪い」「経済が悪い」「社会が悪い」などと、責任をどこかになすりつけようとしてはならない、とアドバイスしている。「俺の努力が足りないせいだ」と考えたほうが、やる気が出るというのである。

銀行というところは、自分の経歴に汚点をつけたくなくて、責任逃れが横行しているという。責任のなすりつけあいが日常茶飯事の業界だというのだが、半沢はそんなことをしていない。半沢は、自分の行動には自分で責任を持っている。そういうところがあるからこそ、半沢は意志力が鍛えられるのではないだろうか。

「言い訳と膏薬《こうやく》はなんにでもくっつく」という言葉があるが、人のせいにするのは簡単である。「俺が悪いんじゃない、あいつが……」と言い訳するのはたやすい。けれども、そんなことをしていたら、いつまでも自己成長はないのである。

どんなに言い訳したくとも、そういう気持ちをグッと飲み込んで、「自分の努力が足りないせいだ」と考えよう。どうすれば今の状況を打破できるのかを考えよう。そういう前向きな姿勢が大切だ。

半沢直樹の教え

30

なんでも他人のせいにしていたら、いつまで経っても自己成長はない

Column

ドラマ『半沢直樹』は、なぜヒットしたのか？ ③

半沢は1クール通してのストーリーに加え、一話ごとに山場とスカッとするシーンがちゃんと織り込まれており、わがままな視聴者をうまく料理してくれる。一方で、1年かけて引っ張るタイプの大河ドラマのような重厚コンテンツは、綾瀬はるかがどれだけ熱演し、いくら西島秀俊がマッチョボディを披露しても、数字的には苦戦が続くことになる。

――『SPA!』2013.9.10, p136

現代人の特徴を一言でいえば、「飽きっぽさ」。

現代人は、こらえ性がないので、あんまり長くは付き合えない。

文芸の世界でいうと、長編小説より短編小説が好まれるのは、彼らが飽きっぽいからである。ドラマもそうで、大河ドラマのような長編物はあまり人気がなくなってきている。出版の世界でも、哲学書のような難解な大著はあまり売れず、ソフトで内容がスカスカしている本のほうが売れる。

2013年のドラマ『半沢直樹』は、もともとの原作がそれほど長くもないのに比べ、1クールが、第一部と第二部の構成になっていた。普通のドラマでいうと、2つぶんを楽しめるわけである。これがヒットの理由であろう。一粒で二度おいしいのだから。

現代人は、とかく飽きっぽい。

少しでも嫌なことがあると、すぐ会社を辞めようとするのはそのためであるが、それはテレビの視聴行動にも当てはまる。ほんの少しでもつまらないと思えば、視聴者はドラマを継続して見ようという気持ちを簡単に捨てる。

その点、『半沢直樹』の第一部は、わずか5回で完結。普通のドラマが、全10数回であることからすると、半分以下になる。これなら飽きっぽい現代人にも耐えられる。

ヒットを狙うためには、飽きっぽい現代人の心理をよく読まなければならない。その心理を知らなければ、とても売れる商品は作れないからである。

現代人が飽きっぽいことは、流行が長く続かないことからもわかる。たまごっちのように、爆発的に人気が出て、あっという間に消えていくものが多くなった。ひとつひとつの流行が長期化しないのである。

私は、『半沢直樹』がヒットしたのは、第一部、第二部という二部構成にして、短編小説のような形にしたことがその理由であると思っている。もしこれを第一部だけを取り上げたドラマにしていたら、ひょっとするとヒットはしなかったかもしれない。

第4章

半沢直樹に学ぶ「会話力」

話し方を変えて、
さらにたくましい心を手に入れろ！

意志力を鍛えたいのなら、普段の話し方のクセを変えろ

半沢「キミには2回も殴られた。そういう芯の強い女性は経営者に向いてる。あなたならやれます！」

――『半沢直樹』第4話

性格的に優柔不断で、フワフワしているような人は、意志力も弱い。

逆に、「これ」と決めたら一心不乱にそれに取り組むような意志力がある人は、逆境にも耐えることができる。

そういう意志力の持ち主かどうかは、話し方をみればわかる。

奥歯にモノが挟まったような、何を言いたいのかよくわからないような人は、たいてい意志力が弱い。話すときに、ムニュムニュとごまかすような話し方をする人がそうである。

逆に、**竹を割ったような、スパッと物事を割り切るような、「〇〇だ！」ときちんと断定的に話すようなクセがある人は、たいてい意志力が強い**ものである。

半沢の話し方は、後者である。

半沢は、断定的に話すクセがあるが、そういう話し方をしているから強い意志力も養われていくのではないかと思われる。

アイオワ大学のシーン・ジュールズは、話すときに、

「ええと……、そう……、考えられなくはないんだけど、必ずそうか……、と言われ

れば、そんな自信もないし……」

と断定しない話し方をする人は、意志力が弱く、

「私は、これが正しいと思う」

とはっきり断定する話し方をする人が意志力が強いと述べている。そして、その話し方を聞いている人にも話し手の強さは見抜かれてしまうとも述べている。

もしみなさんが、弱々しい話し方をしていたら、自分の心も弱くなってしまうし相手にもそれがバレてしまうのである。

半沢のように、ハキハキと物事を断定的に話そう。

そうすれば、相手にも「この人は信用できる」とか、「この人は頼りがいがある」という印象を与えることができる。

逆境に負けない意志力を鍛えたいのなら、まずは普段の話し方のクセを変えるのだ。口の中でムニュムニュとしゃべっているうちは、強靭な意志力など手に入りようがない。まずは話し方という「形」を変えることで、相手の内面にも好ましい影響を与えよう。

断定的な話し方をするようにすると、自信も持てるようになる。

もし人から、「あなたはAに賛成なのか、それともBに賛成なのか?」と問われたら、まごまごせずに、「Aです」と断定しよう。

理由など、どうでもいい。**とにかく断定して話すことが大切**なのだ。

半沢直樹の教え

31

ハキハキ断定的に話すと、「この人は信用できる」という印象を与えられる

「決めつけて話す」というテクニックを上手に使え

「ご存じだったんでしょう」

半沢は怒りを滲ませた声でいった。ご存じでしたかではなく、ご存じだったんでしょう、だ。この男は気が小さい。もし、波野が知っていたとしたら、こういう質問の仕方をされれば動揺するだろう。

――『オレたちバブル入行組』p120

「○○なんじゃ……ないかなあ？」

このように、語尾を尻上がりにして、はっきり断定するのではなく、質問形のようにしてしまう話法がある。これを**「半疑問形」**という。

こういう話し方をする人も、自信がない人だと見られるのでやめたほうがいい。半沢は、「ご存じでしたか？」などと相手に尋ねるような聞き方はせず、「ご存じだったんでしょう」という決めつけた話し方をしている。こういう話し方を、私たちも見習いたい。

自信に満ち溢れた人は、必ず物事を断定する。

かりに迷っていても、そんなことはおくびにも出さず、はっきりとAかBかを決めて話すのである。半沢がタフな男の印象を振りまいているのは、話し方が断定的だからである。

米国メリーランド大学のアリッサ・ジョーンズは、同一人物に頼んで、はっきりしない話し方をしてもらう条件と、きちんと断定する話し方をしてもらう条件のテープを録音した。

そして、そのテープを150名の大学生に聞かせてみたところ、断定するような話し方をしている条件のほうが好ましい評価を受けたという実験結果を報告している。**奥歯にモノが挟まったような話し方をしていたら、みなさんの評価は確実に下がる。**

国会の答弁を見ていると、何を言いたいのかわからずにイライラさせられることが少なくない。

議員の話はなんだかよくわからないものが多いが、小泉元首相の話し方だけは違っていた。

「自民党をぶっ壊す!」という選挙演説もそうだが、竹を割ったようなシンプルな話し方が国民から圧倒的な支持を得た。真似をするのなら、小泉さんのような話し方のほうがよい。

小泉さんの話が出たので、ひとつ付け加えておくと、半沢もそうだが、小泉さんは感情が高ぶると叫ぶような感じになっていた。

感情をむき出しにするのは、理性的な大人ならあまりやってはならないとされているけれども、私はそうやって感情をむき出しにするのは決して悪くないと思っている。

それだけパワフルな人間だという印象を与えるからだ。

半沢直樹の教え

32

話し方を断定的にすることで、まわりからの評価を上げることができる

とにかく「早口」でまくしたてろ！

花「主人は銀行員という立場上、何も言えないかもしれないけど、私は一般市民だから言わせてもらうわよ！　あなたたち役人の常識はね、霞が関じゃ通用するかもしれないけど、世の中では通用しませんからね！　そういう非常識な役人がこの国をダメにすんのよ！　何とか言いなさいよ！」
検査官「すっ、すみませんでした」
花「銀行員の妻、ナメんなよ！」

――『半沢直樹』第7話

自分の心に勢いをつけたいのなら、早口で話すようにしよう。間延びした話し方をしていると、心もどこか緩んでしまうからである。

勢いのある人は身体もキビキビと動くが、話し方のほうもキビキビしている。

ここに取り上げたのは、半沢の妻の花が無遠慮な検査官にキレて見せている場面の話し方であるが、こういう話し方は非常に参考になる。こういう話し方をされれば、たいていの相手は萎縮してしまうのではないだろうか。

心が弱く、交渉ごとでは飲みたくもない条件を相手に飲まされてばかりいる人は、おそらく話し方が間延びしているのだ。

「あのですねえ～、この点はですねえ～、これから～、ゆっくり検討させていただき～」

という感じの話し方をしているから、相手にもナメられてしまうのである。

ユタ大学のエリザベス・キャッシュダンは、79名の男女を何名かずつのグループに分け、テーマを決めてグループ討論をやらせてみた。なお、その討論場面はずっとビデオで録画しておいた。

討論が終わったところで、各参加者に対して、だれが最も「タフな人」だったのかを尋ね、その人物についてビデオで分析してみると、「早口でまくしたてるような人」ほど、タフな人だと認知されることがわかった。おしゃべりな人は、精神的に強い人だという印象を与えるらしい。

また、キャッシュダンは、「グループでリーダーを決めるとすれば、だれでしょうか？」とも質問していたのだが、早口でまくしたてるような人ほど、リーダーにも選ばれやすいことがあきらかになった。

精神的に弱い人は、話し方のスピードを上げてみるのはどうだろう。

早口で話すようにすれば、自分の心に勢いをつけることができるし、周囲の人にも、「あの人は強そう」というイメージを植えつけることができる。

周囲の人に「強そう」というイメージを与えることができれば、みなさんは一目置かれる存在になるだろう。

半沢直樹の教え

33 早口で話せば、まわりから「タフな人」と思われる

つねに大きな声で話すようにせよ

花「マイホーム建てたんだって、直樹と同期の近藤さんは！　家族で海外旅行に行くんですって！　直樹と同期の近藤さんは！」
半沢「わかった、わかりましたよ！　見習いますよ！　俺と同期の近藤さんを!!」
花「大きい声、出るんじゃない！」

——『半沢直樹』第1話

小さな声で話していると、気分まで落ち込む。

だから、いつでも大きな声で話すクセをつけたい。

半沢は、妻の花から「大きな声出るんじゃない！」と励まされているが、元気がない人は、みな一様に声も小さい。

元気を出したいなら、大きな声を出せばいいのだ。

大きな声で話すようにすれば、気持ちも大きくなってくる。

蚊の鳴くような声で話していたら、心に力もわいてこない。だから、なるべく大きな声で話すようにするのがコツである。

バレーボールでも、野球でもそうだが、スポーツの勝負で相手に飲まれないようにするためには、大きな声で叫べばよいのだ。監督やコーチが、「もっと声を出せ！」と選手に向かってハッパをかけるのも、大きな声を出していないと心理的に萎縮してしまって、敵に飲まれてしまうからである。

精神的に強い人は、みな人よりも大きな声を出すものである。

そういう人は、仕事もうまくいく。

面白い研究がある。

米国ブランダイス大学社会政策学部のリカルド・ゴドイは、どういう人ほどお金持ちになれるのかに興味を持ち、お金持ちに共通する特徴を調べてみたのである。

ゴドイが調べたところ、非常に興味深い結果が得られた。

それは、経済的に豊かなお金持ちほど、「大きな声で話す」という特徴があったのである。**仕事ができる人は、大きな声の持ち主だったのだ。**また、お金持ちほど、「よく笑う」（特に声を出して笑う）という特徴もあったらしい。

声が小さい人は、仕事ができない。

だから、出世もできるわけがない。

花は、自分の旦那にカツを入れて、「大きな声出るんじゃない！」と言っているのだが、こういう励ましができる奥さんほど旦那を出世させることができる。半沢は、よい奥さんをもらったといえる。

いつでも大きな声で話そう。

そういう習慣ができれば、みなさんの精神力はみるみる強靭化していくに違いなく、その結果として、今よりもはるかに仕事がやりやすくなるはずだ。

半沢直樹の教え

34 大きな声で話せば話すほど、あなたの心は鍛えられる

「トラッシュ・トーク」のワザを使って話せ

「国税さんよ」という半沢の声に、その制止させたほうの男がはっと振り返った。
「銀行に来て偉そうな態度とる暇があったら、もうちょっとマシな捜査したらどうだ。この間抜け。帰って、統括官に報告しとけ。東田の隠し財産は全額差し押さえたとな。分け前欲しかったら、頭のひとつでも下げに来いって。わかったか！」

――『オレたちバブル入行組』p337

上品な言葉を使っていたら「品のある人」だという印象は与えるだろうが、〝強さ〟のアピールは難しい。強い人間をアピールするためには、右のような話し方をしなければならない。

ドラマのときもそうだが、半沢は、時折、口が非常に悪くなる。

私は、個人的にそういう汚い言葉は極力、使わないようにしているが、人を威圧するときには非常に有効なテクニックであるため、時と場所を選んで使うことがある。

たとえば、大学での講義時間中に学生が騒がしいとき。

このときに、「みなさん、静かにしてください」などと丁寧な話し方をしていたら、学生の私語は絶対にやまない。

「おい、うるせえな。黙れ」と言えば、一瞬で学生は私語をやめる。したがって、私はあまり使いたくはないのだが、使わざるを得ないときには使う。

スポーツの試合中、あるいは試合前の記者会見のとき、あえて汚い言葉を相手にぶつけて相手の心理面を揺さぶる方法がある。これを**「トラッシュ・トーク」**といい、トラッシュ・トークを使う選手を「トラッシュ・トーカー」という。日本では、「ビッグマウス」（大口を叩くこと）も同じような意味で使われることが多い。

プロボクサーのモハメド・アリなどは、よくこのテクニックを使っていた。

半沢が相手を心理的に追い詰めるときには、意識的なのかどうかはわからないがトラッシュ・トークを使っているわけである。

トラッシュ・トークは、相手を挑発して正常な判断を失わせるだけでなく、自分自身の心を鼓舞するのにも役に立つ。

ともすると負けそうになる心にカツを入れることができるのである。

俗に、「弱い犬ほどよく吠える」と言うが、吠えもせずに尻尾を巻いてしまうよりは、たとえ演出でも吠えて見せたほうがいい。吠えていれば、相手も少しは萎縮してくれるかもしれないし、自分の心にも勇気が出てくるからである。

トラッシュ・トークは有効なテクニックではあるが、当然ながら、リスクがないわけではない。

汚い言葉を使っていると、いろいろと自己イメージが悪くなってしまうのである。

カソリック・ユニバーシティ・オブ・アメリカの心理学者ルイス・パラダイスが調

べたところ、汚い言葉を使う人は、
①プロらしく見えない
②有能に見えない
③冷たい
④知的に劣る
といった印象を与えてしまうのだそうである。
トラッシュ・トークは、やはりできるだけ使用を限定したほうがいいかもしれない。あるいは、心の中だけでつぶやくようにし、相手には聞かせないほうがよいのかもしれない。

半沢直樹の教え

35 汚い言葉は、時に人を威圧するテクニックになる

自己主張タイプには、逆に自己主張を仕返せ

小野寺は、半沢のグループにいる若手ではピカ一の男だ。仕事はできるし、歯に衣着せぬ物言いは半沢と似たり寄ったり。そういう性格もあってか、半沢とはウマが合う。

――『オレたち花のバブル組』p31-32

なまじ自己主張などをすると、相手が気分を害するのではないか、と考える人は多い。たしかに、激しく自己主張をするような人物があまり好きではない、という人も現実にはたくさんいる。

ところが、その反対に、きちんと自己主張してもらったほうがありがたい、と考える人もいるのである。言いたいことを言わずに黙っていられるより、はっきり言ってもらったほうがうれしい、と考える人はいるのだ。

それは自分自身が、きちんと自己主張するタイプである。

自分が自己主張タイプである人は、相手にも自己主張を求める。

だから、**相手がもし自己主張タイプなのであれば、こちらも負けずに言いたいことは言わせてもらったほうがいい。**そのほうが、相手も喜んでくれる。

私たちは、自分と似た人を好ましく評価する。

これを心理学では、**「類似性の法則」**と呼んでいる。

物静かな人は、やはり物静かな人と一緒にいるときに心が落ち着くのであって、おしゃべりな人は、やはりおしゃべりな相手を好む。

同じように、自己主張の激しいタイプは、自己主張してくれる人のほうを好ましく評価する。だから、そういうタイプが相手のときには、遠慮せずにズバズバと言っても大丈夫なのだ。

半沢は、歯に衣着せず物言いをする男なので、同じような話し方をする小野寺とはウマが合うらしい。これは、類似性の法則通りである。

「自己主張をしすぎると、相手の気分を害するのでは？」と思い込んで、主張を手控える人もいらっしゃると思うが、そうではない。世の中にははっきり自己主張してくれる人のほうが付き合いやすい、と考える人もたくさんいるのである。

インディアナ大学のジョン・サマーズによると、リーダーになるような人ほど、自己主張タイプが増えるらしい。

サマーズの推定によると、リーダーの約37％は自己主張タイプだそうである。したがって、そういうタイプに会ったときにも、こちらも遠慮なく意見をぶつけていったほうが喜んでもらえる。少なくとも、類似性の法則によればそういう予測が成り立つのである。
相手が控え目な人であれば、こちらもあまり強く出ないほうがいいかもしれないが、相手が激しく自分の意見を述べるようなタイプなのであれば、こちらもそのようにふるまったほうがいいということを覚えておこう。

半沢直樹の教え

36

自己主張の激しいタイプには、遠慮せずズバズバものを言ったほうがいい

おかしいことはおかしいと言う勇気を持て

「わかってる。だけども、大和田常務からのたっての要請となれば、無視はできないじゃないか。君だってそれはわかるだろう」

「わかるわけないだろ。ふざけるな」

半沢は突き放した。

――『オレたち花のバブル組』p292

それぞれの業界には、おかしな商慣習があることが少なくない。組織の中にも、おかしなルールがあることも珍しいことではない。そういうものは、「伝統だから」とか「常識だから」ということで、なんとなく継続されている。

「上司の命じることは、たとえそれが違法であっても、従うべき」という意見に対して、半沢は真っ向から「ノー」と言っている。考えてみれば当たり前の話だが、人間はこういう良識をなくしたらおしまいである。

ミシガン大学のスコット・ドリューによると、私たちは、いつでも2つの正反対の価値観によって引き裂かれているらしい。

たとえば、人は、一方では、「正直でなければならない」という価値観を持っている。その一方で、「バカ正直に率直でありすぎると、ソンをする」という価値観も持っている。そのはざまで人は悩まされるのだ。

社会的良識としては、決められた法律に従うべきであるが、上司の命令が法律を違反することだった場合、同じように私たちは2つの価値観によって苦しめられることになる。

どちらがよいのか、という価値判断は非常に難しい。

きっちりと組織人であろうとすれば、社会的良識とは反することもやらざるを得なくなる。半沢は組織からはみ出して生きているので、組織からの求めにも応じることなく自由でいられる。ただし、これを私たちも見習ったほうがいいのかは、微妙なところだと思う。

ヘンに良識派を気どって、「うちの会社がやっていることは違法です」と言ったりすれば、確実に組織の中でつまはじきにされる。そのため組織の中で生きていこうとすれば、ある程度までは組織の要求にも従わざるを得ない、というのが現実には多いのではないだろうか。

本当は、半沢のようにダメなものはダメだと言う勇気を持たなければならないのだろうが、私はこの点に関しては、半沢よりも気楽に考えていて、**よほどたちの悪いものでなければ見逃してもいいのではないか、**と思っている。

たとえば、「勤務中のサボリは、どんな理由があっても解雇理由になる」というルールが自分の会社にあったとして、先輩が勤務時間中に喫茶店でお茶を飲んでサボっている場面に出くわしたとしよう。

その際、先輩に直接、サボるのをやめたほうがいいと意見を言ったり、上司に告げ口したりするのは現実にはどうなのだろう。私なら見てみないフリをしそうである。

半沢のように、巨悪に対してはノーを言う勇気を持つべきなのだろうが、**あまり杓《しゃく》子《し》定規に考えて、細々とした点にまで社会の良識を持ち込むのは、いささか堅苦しい**ようにも思えるのである。

半沢直樹の教え

37 巨悪に対しては、ダメなものはダメと言う勇気を持たなければならない

必要とあらば〝脅し〟さえもためらうな

いつこの通帳をあなたのお目付役に届けるか、いまはそればかりを考えています。そしてあなたの獄中生活がどんなものになるのか、それも楽しみのひとつに加わりそうです。そのために、私は三ヶ所に告発します。銀行と警察、そしてマスコミ。あなたの大切な家族が記者に取り囲まれるところが早く見たい。

――『オレたちバブル入行組』p271

半沢は、浅野を謝罪させるときに、メールで脅しを使っている。「謝罪しないと、あなたの秘密をぶちまけますよ」というのだ。

〝脅し〟というのは、あまり好まれないやり方ではあるが、非常に有効な方法である。必要なときには、使うのをためらってはならない。

人を動かすときのやり方には2種類ある。説明をしたり、お願いをしたり、というソフト戦略と、脅したり、罰を与えたり、というハード戦略である。

ローマ大学のアントニオ・ピエロは、やさしく教え諭《さと》すやり方より、脅すようなやり方のほうが効果的であるということを実験的に確認している。

たしかに脅すやり方は、相手に嫌われてしまうというリスクはある。

しかし、少なくとも、人にナメられたり、侮られたりすることはなくなる。

半沢は基本的にやさしい男であるが、〝脅し〟を使うのをためらわない。必要とあらば、どんなに汚い手でも使ってやる、という気持ちがあるのであろう。そういうところが、半沢の心の強さを生み出しているのではないかと思われる。

「戦争と恋愛では、あらゆる手段が正当化される」という言葉があるが、**勝つためなら何でもしてやる、という気持ちを持つことが大切**である。負けるくらいなら何でもやってやる、という気概がなければ、強さを持つことはできない。

「私は、いつでも会社を辞めますよ」

と脅せば、上司もそれほど無理難題を吹っかけてこなくなるのではないか。パワハラやイジメをやめてくれるのではないか。

「そんなことばかりおっしゃるなら、いつでも交渉は打ち切りますよ」

と脅せば、相手も厳しい条件を突きつけてこなくなる。

「私は、人を脅すようなやり方はとらない」と決めてしまうと、採りえるオプションの幅が狭くなってしまう。だから、必要なときには、相手がどんな人間であれ喜んで脅しのやり方をとる、と決めておかなければならない。

不思議なもので、「私は、脅しを使うのもためらわないぞ」と決心すると、卑屈なくらいにペコペコしなくなるし、堂々としていられるようになる。

気が弱い人は、〝脅し〟という有効な選択を自分が採用するオプションから最初から除外してしまっていることが多いのだが、それはもったいない話である。

半沢直樹の教え

38 いざとなれば〝脅し〟を使うという態度が、真の心の強さを生み出す

「とにかく何でも口にする」という自分ルールを持て

「逃げられないとわかると、開き直りですか、社長。ヤクザ真っ青だ」
半沢は、ずけずけとモノをいう本来の性格そのままにいった。

――『オレたちバブル入行組』p57

半沢は、ずけずけとモノを言う。社会人になれば、ある程度はオブラートに包んだモノの言い方を覚えるものだが、半沢は言いたいことははっきり言う。

あまり失礼な言い方は相手の気分を害してしまうので、リスクを伴うけれども、半沢のように**「言いたいことは言う」という自分ルールを持つことは大切**である。そういうルールを決めておかなければ、堂々と自説を主張することはできなくなるからだ。

会議においても、新人だからとか、重役の前だからとか、発言するのを遠慮していたら、自分の存在感をアピールすることはできないし、自信もつかない。

「メンタルのトレーニングをさせてもらう」という意識で、何でもはっきりと口に出すようにしたほうがいい。おかしな意見であろうが、何も言わないよりははるかにマシである。

自信がない人は、自分の言いたいことを口にしない。

カナダにあるブリティッシュ・コロンビア大学のケン・メレシュコは、被験者に自由な会話をさせる実験を行なったことがあるのだが、自信がない人は決められた時間の中で87・39秒しか話さなかったのに、自信のある人は、同じ時間の中で117・64

秒も話したという。

自信がないから話をしないのか、話をしないから、どんどん自信がなくなってしまうのかの因果関係はよくわかっていないけれども、私は後者ではないかと思う。

つまり、**口をつぐんでいるから、自信がなくなっていく**のである。

「人にバカにされようが、かまわない」

「おかしな意見であろうが、とにかく何でも口にする」

という自分ルールを作ろう。そして、感じたこと、思ったことは何でも口にするようにしよう。そうやってメンタルのトレーニングをしていれば、どんどん積極的な気持ちも生まれてくるはずである。

思ったことを口にしないと、遠慮深い人間だと思ってもらえることがあるのかもしれないが、同時に、「なんだか元気のないヤツ」というマイナスの印象を与える危険性が高い。

半沢は、相手がだれでも物怖じせずに言いたいことを口にするが、そういう姿勢は私たちも見習うべきであろう。

そういう練習を普段からやっておけば、どんな人を相手にするときにも自信を持って接することができるからである。

半沢直樹の教え

39 言いたいことを言うトレーニングをすると、積極的な気持ちが生まれる

Column

ドラマ『半沢直樹』は、なぜヒットしたのか？ ④

良いドラマの本当の〝主役〟は悪役ですから。半沢が老獪な悪役に追いつめられる面白さを感じるSの面と、自分を半沢に置き換えて、いじめられるスリルを感じるMの面があり、視聴者は両方楽しめる。

——（『SPA!』2013.9.17/24合併号、p23）

私たちは、ほかの人間の行動を見て、自分も同じように感じる。

たとえば、いじめられている人を見ると、自分自身がいじめられているわけでもないのに、「かわいそうだな」とか「痛い」という感情を覚えるのである。これは、脳内にあるミラーニューロンのなせる業《わざ》である。

霊長類などの高等動物の脳内には、ミラーニューロンという神経細胞がある。ミラーというのは「鏡」のことであり、私たちは、ほかの人間を見て、まるで合わせ鏡を見ているときのように、ほかの人間の感じていることをそのまま自分も感じるようにできているのである。そのため、ミラーニューロンは共感細胞とも呼ばれる。

だれかが笑っているのを見れば、自分も面白い気持ちになる。

笑っている顔を見てミラーニューロンが活性化するために、別に面白いことなど何もなくても自然に楽しい気持ちになってしまうのである。みんなが笑っている職場で働いていると自分も笑うようになるが、それはミラーニューロンの働きによるのである。

ドラマ『半沢直樹』には、魅力的な悪役が出てくる。

その悪役が半沢をいじめている姿を見て、私たちは〝いじめる快感〟と〝いじめられる快感〟の両方を楽しむことができるのが、このドラマの面白さである。

悪役を見せられれば、ミラーニューロンの働きによって、私たちは「いじめる快感」を覚える。次に半沢が画面に出てくれれば、同じくミラーニューロンの働きによって、私たちは「いじめられる快感」をも楽しめる。また、半沢が敵をやっつけている姿を見れば、あたかも自分自身が敵の首をとったかのように爽快感を覚える。

優れたドラマが、なぜ私たちにとって代理満足を与えるのかというと、それはミラーニューロンの働きによるのである。私たちは、ドラマの登場人物に共感し、その登場人物が感じていることを自分も追体験できるのである。だから、ドラマは面白いのだ。

もちろん、実際には、あらゆる登場人物に共感できるわけではなくて、自分の好きな人物に対して、ミラーニューロンはよりよく働く。

だれかれかまわず、無差別に共感するのではなく、ある程度、人物を選びながら共感しているわけであるが、ドラマ『半沢直樹』には、本当にいろいろな人物がつぎからつぎへと登場するので人物選びに困ることはないということも、ヒットした理由の1つに挙げられるだろう。

第5第

半沢直樹に学ぶ「仕事力」

仕事で成功するための〝倍返し〟の成功術

相手をなるべく「小さく見る」クセをつけろ

「腐っても上司やろ。もう少し大切にしたったらどや」

「そりゃもう、大切にしてますよ。徹底的に」

「それが礼儀っちゅうわけか」

竹下は声をあげて笑ったが、その笑いは途切れた。

――『オレたちバブル入行組』p303

半沢は、相手が上司であろうが何だろうが、〝目くらまし〟されることはない。私たちは、相手が上司であるとか偉い人であると思うと、その人を「実物以上に大きく」見てしまう傾向があるのだが、半沢にはそんなこともないようだ。

オーストラリアン・ナショナル大学のポール・ウィルソンは、大学の講義にあるひとりの男性を連れてきた。そして、「彼の身長はどれほどだと思いますか?」と学生に尋ねてみたのである。

ただし、ウィルソンは、男の肩書きを紹介するときに、「彼はケンブリッジ大学の学生です」とする条件、「彼はケンブリッジ大学の講師です」と紹介する条件、「彼はケンブリッジ大学の教授です」と紹介する条件を設けてみたのである。

すると、それぞれの条件で、学生が見積もった彼の身長の平均値は、

学生……177・453センチ
講師……182・119センチ
教授……183・687センチ

になったという。つまり、肩書きが高くなるにつれて、「大きな人」と見なしたのである。私たちは、肩書きが高い人にはどうも目くらましされてしまうらしい。

相手が大きいと思うと、どうしても萎縮してしまう。

だから、**なるべく相手が小さな存在だというイメージを持つことが大切**だ。

シャモは、体が小さいくせにすさまじい攻撃性を持っている。なぜ、そんなに乱暴かというと、シャモの目の構造はちょっと変わっていて、何でも実物の5分の1くらいに小さく見えてしまうというのである。

シャモにとっては、牛が犬くらい、馬が子猫くらいにしか見えない。だから、闘鶏でシャモ同士が争うと、お互いいくらやられても、「こんなちっぽけなヤツに自分が負けるか」と思い込み血まみれになって飛びかかっていく。

牛は逆で、牛の目は何でも5倍は大きく見えてしまうらしい。ネコはトラに、小鳥がワシに見えるから、牛は図体が大きいくせに意外と臆病なのである。

みなさんは、相手の肩書きに目くらましされないようにしよう。シャモのように、**どんな人も「小さく見る」クセをつけよう。**そうすれば、どんな人を目の前にしても毅然《きぜん》とした態度を見せることができるはずだ。

半沢直樹の教え

40 相手を実物以上に小さく見るクセをつけると、目くらましされることがない

〝位負け〟しないための方法を身につけろ

定岡の顔が赤く染まった。
支店の人間なら、本部に呼びつけられた途端大人しくなると思っていたらしい。だが、半沢はそもそもそんな性格ではなかった。

――『オレたちバブル入行組』p107

相撲の世界では、幕下力士は横綱が相手のときには普段の実力の半分も出せないといわれている。「相手が横綱だ……」と思うと、その瞬間に、「どうせ勝てるわけがない」という意識が芽生えてしまって自滅してしまうのである。こういうのを〝位負け〟という。

ほかのスポーツや格闘技でも、相手がチャンピオンであるとか相手のほうがランキングが上位であるということになると、位負けすることが少なくない。正面からぶつかればなんとかなるかもしれないのに、それができなくなるのである。

ビジネスマンもそうだ。

相手の地位が上である場合には、どうしても心理的に萎縮してしまって、位負けしてしまう。

そういう場合にも普段通りの自分を出すためには、どうすればよいのだろう。

そのための方法は、**相手の肩書きや地位に目を向けるのではなく、相手個人に焦点を当てるようにするとよい。**

「なんだか、うちのおじいちゃんに似ているな」

「太っているから、ネクタイがきつそうだな」
「意外に、人のよさそうな顔をしているな」
「椅子から立ったら、けっこう背が低いんじゃないのかな」
ようするに、相手を「部長」であるとか「お得意様」と見るのではなくて、あくまで「個人」として向き合うのである。そうすれば、気後れして位負けせずにすむ。どんなに偉い人でも、一皮むけば、ただのオジサン。そのためには、個人としての相手をよく観察することである。そうしているうちに、気分も落ち着いてくる。

「この人だって、普通の人なんだ」と思えば位負けしなくなる。

坂本龍馬は、初対面のときにこれは到底かなわないと思う人物がいたら、その人物が女と寝ている姿を想像していたという（橋本一郎著、轡田隆史監修『生きるヒントになる名語録728』知的生きかた文庫）。このようなイメージを持てば、相手がただの人のように思えたのであろう。これは、素晴らしいアイデアだと思う。

英国トットン大学のスポーツ心理学者マット・ジャーヴィスによると、試合で負ける選手は、実力で負けるのではなくて、試合前の「メンタル勝負」でもう負けが決まってしまう場合がほとんどであるという。

みなさんは、人に会う前に、もうその人に負けてはいないだろうか。最初から、白旗をあげたりしていないだろうか。

位負けしそうなときには、ぜひ相手を肩書きや地位で見るのではなくて、個人として観察してほしい。そうすれば、心も落ち着いてくるはずである。

半沢直樹の教え

41 相手に「個人」として向き合えば、気後れも位負けもない

「忠誠心」に溢れた人間になれ

半沢「私は担当として、どんなことをしてでも伊勢島ホテルを守ります。たとえ、地べたを這《は》いつくばり、土下座をしてでも、伊勢島を再建してみせる！」

――『半沢直樹』第6話

会社への帰属意識というか、忠誠心のかけらもない人が増えた。

かつては、少しくらい熱が出ようが、這ってでも出社するのがサラリーマンだったが、最近の人は、簡単に会社を休むし辞めてしまう。会社に対する忠誠心など、微塵も持ち合わせていないのだ。

「僕は、仕事より、家庭のほうを大事にする」

という人も多い。家庭を大事にしながら、仕事も大事にすべきであるのに、彼らが大事にするのは家庭だけである。それだけ、会社のことなど、どうでもいいと思っているのであろう。

半沢は、2013年のドラマ『半沢直樹』において、伊勢島ホテルに対しても絶対的な忠誠心を見せている。

いったん自分の担当になったのなら、死ぬ気で守ると述べている。こういう〝男気〟に溢れた人は、最近は見なくなったような気がする。現代人は、どこかがおかしく冷たくなってしまっているのだろう。

忠誠心を見せるのはいいことだ。

なぜなら、それだけ信用してもらえるからである。

カリフォルニア州立大学のポール・シンドラーが、ある製薬会社で調査をしたところ、職場の対人信頼感のランキングで重要なのは、

①誠実さ
②有能であること
③忠誠心
④一貫していること
⑤オープンなこと

であったという。誠実でなければ人は信用してくれないし、忠誠心がなくても人は信用してくれないのである。

半沢は、有能な銀行員ではあるが、ただ仕事ができるだけではない。誠実さも忠誠心も持ち合わせている。だから、信用されるのである。

自分の会社を愛することができれば、必死になって守ることもできる。「この会社のためなら、死んでもいい」という気になれば、死ぬ気で仕事をすることもできるだろう。

仕事で頑張れない人は、愛社精神が少ないから、そんなに本気になれないのだ。**まずは、会社をとことん愛することが必要**なのではないだろうか。

半沢直樹の教え

42 絶対的な忠誠心を見せなければ、人は信用してくれない

やる気の出ない人は、自分に責任を与えてしまえ

怒り狂っている浅野に、半沢は冷静に反論した。
「責任があることなら、素直に認めましょう。それは融資課長として、というより銀行員として、さらにいえばサラリーマンとして当然のことです。ですが、自分に責任のないことまで謝罪するなんて、そのほうが恥ずかしいし、無責任な行動だと思いますがね」

――『オレたちバブル入行組』p250

私たちは、責任があればこそ逃げ出さないでいられる。責任も何もない人なら、すぐに仕事を放りだしたり逃げ出したりできるのかもしれないが、責任者は最後の最後の最後まで、逃げ出すわけにはいかない。

軍艦の艦長は、艦が沈むときには、総員を退避させても最後まで自分は残らなければならないという話を聞いたことがある。艦長は、命運を艦とともにするのである。なぜそうするのかというと、それが艦長の責任だからである。

嫌いな人からは逃げ出すことができるが、親は血のつながった子どもを簡単に放り出すわけにはいかない。だから、どんなにダメな子どもであっても必死に育て上げようとするのである。それもまた、親の責任だからである。

半沢が、仕事に執着して、逃げ出さないのは責任感が強いからである。**責任感というのは、人を縛りつける効果がある**のである。

やる気がない人は、自分に責任を与えてしまうのがよい。

責任があれば、人は、やる気や根性が自然に養われるからである。

シンガポール・マネジメント大学のウィー・タンがある組織の341名の人を調べ

たところ、手抜きをしない人、最後までやり通す人は責任感のある人であったという。

また、こんな研究もある。

エール大学のジュディス・ロディンは、老人ホームの施設にいる老人を対象にある実験をした。

それまで、その施設では、看護師やスタッフが身のまわりの世話を何でもやってあげ、至れり尽くせりのサービスを行なっていた。しかし、入居している老人たちは、みな元気をなくしていた。年間の平均死亡率は25％であった。

ところが、方針を改め、老人たちにできることは彼らにやらせることにした。たとえば、館内の植物に水やりをしなければならない人、お皿を洗わなければならない人、自分の洋服はきちんと洗濯しなければならない人、のように仕事と責任を割り振ったのである。

するとどうだろう、老人たちは、生き生きとしはじめ、お互いに挨拶する人まで増えた。また、平均死亡率も15％に減ったそうだ。

責任がないと、人は怠惰になって、やる気も起きなくなるのである。

したがって、**やる気や根性がない人は、自分に責任を課すように仕向けるとよいだろう。**

上司に頼んで、「つぎのプロジェクトではリーダーをまかせてください。私は、リーダーにならないと本気になれないんです」とお願いするのである。どんな面倒な仕事も率先して引き受け、責任を持つようにすれば人は根気も養われる。

半沢直樹の教え

43 自分に責任を課すようにすると、やる気と根性が自然に養われる

〝威光効果〟には、まどわされるな

旧Sだの旧Tだのという出身に、半沢自身、過剰反応しているつもりはまったくない。産業中央銀行出身だろうと東京第一銀行出身だろうと、肝心なのは銀行員としての姿勢であり資質である。出身銀行で色分けすることに何ら意味のあるはずもない。

——『オレたち花のバブル組』p35

私たちは、相手が一流企業の人間であるとか、東大卒の人であるといった話を聞かされると、相手を実物以上に大きく見てしまう心理がある。

これを**〝威光効果〟**と呼ぶ。

相手の威光にあてられて、自分が小さく見えてしまうようになるのである。

半沢は、相手がどんな人であれ、尻込みすることも臆することもないのであるが、そうはいっても私たちは、なかなか威光効果の影響から逃れることは難しいのではないかと思われる。

では、**どうすれば威光効果の影響を受けないのかというと、影響を受けていることを素直に認め、「影響されるな！」と自分に言い聞かせるしかない。**

「私は、相手が〇〇出身ということで威光効果の影響を受けているぞ。まどわされないようにしないと、必要以上に相手を大きく見てしまっているかもしれないぞ」と自分に何度も言い聞かせるのである。しつこく言い聞かせないと、威光効果からは逃れることができない。

人間など、一皮むいてしまえば、みんな同じ。

才能や能力にもそんなに差がなく、みんな団栗《どんぐり》の背比べをしているものなのだ。

「相手が○○だからといって、自分とそんなに差なんてあるか」

「もし差があるとしたら、それは自分が勝手に相手を水増ししているだけだ」

そう思えば、気がラクになって、少しは威光効果の影響から逃れることができるかもしれない。

かつて私は、相手が帰国子女であるとか、バイリンガルであるというだけで、「すごい人」だと勝手に思い込んでいた。威光効果のせいで必要以上に怖れていたのである。

けれども、「たかが2ヶ国語を話せるだけで、それ以外の点では自分のほうが全部優れているんじゃないか」と自分に言い聞かせるようにしたところ、まったく臆することもなくなった。

気が弱い人は、威光効果の影響を受けすぎているのかもしれない。

たとえば、自分が高卒であるということに引け目を感じていると、大学卒の人はみな偉く見えてしまうという威光効果を受けているのかもしれない。

けれども、それは錯覚である。まやかしの虚像にすぎない。そういうものにおびえる必要はどこにもない。

威光効果に負けないよう、「相手と自分に差なんてない」と言い聞かせて、影響を最小限にできるようにしよう。

半沢直樹の教え

44 相手が実物以上に大きく見えてしまうのは、単なる錯覚にすぎない

「適度な遊び人」になれ!

同じ金融でも、証券マンは外で憂さ晴らしをしますが、銀行員は上から「目立つな」と言われる。「歓楽街でヘベレケになっていた」といった報告が外から入れば、出世にも影響します。

――『FLASH』2013.9.10, p70

私たちの心は、弓の弦と一緒で、張りっぱなしだと傷んでくる。適度に緩めてあげないと心はもたないのだ。

メンタルが強い人は、実は遊び人でもある。

私たちの心は、24時間、365日、張りっぱなしというわけにはいかない。そんなことを続けていたら、心が壊れてしまう。だから、遊ぶときにはしっかり遊んだほうがいいのだ。適度な憂さ晴らしをするからこそ、激務にも耐えられるのである。

明治時代に活躍した人物は、なぜあれだけの仕事ができたのかというと、しっかり遊んでいたからである。賭け事や芸者遊びをし、きちんと充電していたから、どんなに大変な激務にも耐えられたのだ。本田宗一郎さんもそうで、「俺は、遊ぶために仕事をしているんだ」と言ってはばからなかったという。

その意味で、半沢のいる銀行業界というところは、つらいところであるらしい。なにしろ、遊ぼうとしても、ほかの人の目を気にしながら遊ばなければならないわけだから。

「遊ぶ」ことは、決して悪ではない。

遊ぶ金がほしくて仕事をするのだと考えることも、それはそれでよいことではないかと思う。

ロシアの文豪ドストエフスキーは、ギャンブルが大好きだった。そのためいつも借金まみれであったが、その返済のために小説を書いて、入ってきた原稿料でまたギャンブルを楽しんだという。

ドストエフスキーは年がら年中、締め切りに追われていたが、その結果として『罪と罰』や『カラマーゾフの兄弟』といった名作がつぎからつぎへと生まれた。

遊びがあると、人は頑張れるのである。

米国アーカンソー大学経営学部のダグラス・ジェンキンスは、人は「ご褒美」があるときに、仕事の量を増やせることをあきらかにしている。逆に言うと、ご褒美がなければ、バカバカしくて、とても仕事などやっていられないのである。

ドラマ『半沢直樹』には、半沢が、友人の渡真利などと一緒にお酒を飲む場面がけっこう出てくるが、友だちと楽しくお酒を飲む時間を設けるのも緊張した心を緩めるにはもってこいの方法である。

しっかり仕事をするために、しっかり遊ぶ。

遊ぶことを自分へのご褒美とすれば、やる気だってわいてくる。

「ぶっ倒れるほど仕事をしたんだから、今日のビールはきっとうまいぞ！」

そんなふうに自分に言い聞かせれば、心がめげそうなときにも、もうひと踏ん張りできるようになるに違いない。

半沢直樹の教え

45

きちんと充電できる人だけが、
しっかりした仕事をすることができる

とにかく、今いる場所で がむしゃらに頑張れ

半沢「今、我々以上に伊勢島ホテルの担当にふさわしい者はいない。これ以上、足を引っ張るようなら徹底的に戦います。やられたらやり返す。倍返しだ。覚えておいていただこう」

――『半沢直樹』第8話

「私ほど担当にふさわしい者はいない」と豪語する半沢。

そこまで自信を持てるのは、たいしたものである。いや、それくらい自信があるからこそ、本気で仕事に取り組めるのではないかと思う。

「この仕事って、自分に向いてないんじゃないかな?」

「自分には、もっとほかに適職があるんじゃないかな?」

そんなふうに思っていたら、本気で仕事に取り組めるはずもない。「向いていない」と思えば、真剣になれるわけがないのである。

適性など、あまりこだわらないほうがいい。

とにかく、**今、自分がいる場所でがむしゃらに頑張ればいいのであって、適性がどうのとか、向き・不向きなど考えなくていい**のである。

最近の大学生は、就職活動のときにやたらと適性を気にするが、適性など本当にわかるものなのだろうか。わかるわけがないと思うのだが。

作家になる人は、適性があって作家になるのだろうか。いや、そうではない。実際、私は200冊以上の本を執筆しているが、いまだに自分に文才などこれっぽっちもなく、適性もないと思っている。ただ、自分の生きる道はこれしかないと信じているので、必死になって頑張っているのだ。

出版社の編集者は、適性があるから編集者になれるのか。いや、それは違う。がむしゃらに頑張りながら、編集者に「なっていく」のである。料理人もそうで、料理人の適性があって料理人になるのではなくて、一心不乱に取り組んで料理人に「なっていく」のだ。

これは、どの業界もそうだと思う。あれこれ考えるより、**10年間はどんなことをしてでもその仕事にしがみつくからこそ、立派な仕事人になれるのだ。**

人間に、適性など、もともとない。「あなたは、○○に向いていますね」と言われれば、その気になるだけである。これを心理学では、〝**バーナム効果**〟と呼んでいる。

ロンドン大学のエイドリアン・ハーンハムは、どんなにいい加減なこと、たとえば、「あなたは明るい人だから、営業に向いているよ」ということでも、人はすぐに信じてしまうことをあきらかにしている。

適性などそもそもないのだから、どんなに適当なことを言っても、それなりに当たっているのと感じてしまうのである。

半沢は、与えられた場所で不満を述べない。どんな仕事であれ、どんな役割であれ、与えられたら黙って引き受け、全力で取り組むだけである。だから、「私ほど担当にふさわしい者はいない」と言い切れるまでの自信を持つことができるのである。

適性を考えるのをやめよう。

「この仕事が、自分の天職なんだ」と思い込めば、自己暗示の効果によって、自信を持つことはできるのである。

46 半沢直樹の教え

適性にはこだわらず、今いる場所で頑張れば立派な仕事人になれる

汗水を流せ、泥臭い仕事をしろ！

半沢「コストカットをすれば利益が上がるなんて、そんなことをおっしゃるつもりじゃないでしょうね？　そんなのは現場を知らない銀行員の妄想です」

――『半沢直樹』第8話

少し前になるが、『踊る大捜査線』で織田裕二演じる青島刑事の言う、「事件は会議室で起きてるんじゃない！　現場で起きてるんだ！」というセリフが流行したことがあった。

偉い幹部になると、現場を離れ、快適な室内で仕事をするようになる。

そうすると、もう現場のことなど何もわからなくなる。

ただのおバカさんになってしまうのである。

幹部というのは、もともとは頭のいい人の集団であるはずだが、現場を離れると見えるものも見えなくなってしまうものらしい。だから警察では、「現場１００回」という言葉がいまだに言われているのであろう。

半沢も、青島刑事と同じく、泥臭い男だ。

半沢は、現場をとても大切にする。

銀行員は涼しげなイメージがあるが、半沢は別だ。半沢は、ネクタイをとって、シャツの腕まくりをして汗を流している。だから、担当する企業において、何が大切で何が必要なのかがわかるのだ。数字だけを見つめているだけでは、こういうものは見えてこない。

ちなみに、半沢は「コストカットをすれば利益が上がるなんて、銀行員の妄想」と述べているが、たしかに妄想である。

利益を上げるのに、手っ取り早い方法は一番お金のかかる人件費を削ること、すなわち、クビ切りを行なうことだと一般に考えられているが、米国バリー大学のスーザン・フィッシャーが調べたところ、たとえば20人の社員のいる会社で、ひとりをクビにすると、頭数でいえば20分の1、すなわち、5%の力が減るだけなのに、組織の能力を最大で50%もダメにしてしまうという。

リストラしてコストカットすれば、組織が活性化するなどという話はウソである。ひとりをリストラすると、ほかの社員も「つぎは、俺の番かもしれない」と動揺してしまい、仕事が手につかなくなる。また、「こんなに簡単にクビを切る会社のために、本気になって仕事をするのはバカバカしいな」という気持ちが充満し、社員のやる気をそぐ。

おかしな決定、判断をしないためには、現場を知ることが大切だ。

パナソニックの創業者、松下幸之助さんにしろ、ソニーの盛田昭夫さんにしろ、名経営者と呼ばれる人たちが、なぜ現場を重視し自分も現場によく顔を出していたのかというと、そうしないと自分の判断がどんどん狂ってしまうからである。

泥臭い仕事をしよう。

現場から離れて、大変なところはそっくり部下にまかせ、自分は快適な室内で安穏としていたら、仕事などできるわけがない。

半沢直樹の教え

47

現場から離れて仕事をしていると、自分の判断はどんどん狂ってしまう

「自分なりの権限」を持たせてもらえ

50年代に倒産寸前に陥ったホンダに、重役たちの反対を押し切って融資を継続したという三菱銀行のバンカーの存在は、今も伝説として語られています。しかし、今は企業の財務しか見ませんから、こんなことはできないでしょう。

――『週刊現代』2013.8.17/24合併号、p61

リッツ・カールトンというホテルがある。サービス業部門で、マルコム・ボルドリッジ国家品質賞を受賞した数少ない企業のひとつである。

さて、リッツ・カールトンでは、お客の苦情に対応するため、ベルボーイを含むあらゆる従業員は、２０００ドルまでは自分の裁量で示談金を支払ってよいことになっている。

いちいち上司に相談などせずに、自分の判断で決定できるという権限が与えられているのだ。だから、スタッフは、自分の頭で考えて、お客さまによりよいサービスをするように仕事ができるのである。リッツ・カールトンのすばらしいサービスは、そういう制度によって支えられているのである。

スタンフォード大学のロバート・Ｋ・クーパーによると、私たちは、権限がないとやる気も出ないらしい。なぜなら、仕事を「やる」というより、上司に「やらされている」という感じが強くなってしまうからだ（『あらゆる目標達成のためのビジネスマンＥＱ』三笠書房）。

冒頭の記事は、半沢直樹の生みの親の作家である池井戸潤さんが雑誌で話していることであるが、なぜ今の銀行員がみな小粒なのかというと、それは何もやらせてもらえないからである。

リッツ・カールトンのような銀行があって、自分が融資したい企業には融資できるようにしておけば、銀行員はもっと張りきって仕事をするであろう。そうさせてもらえないから、みんな心が腐ってしまうのである。

心に張りを持って仕事をさせてもらうためには、ぜひ権限を委譲してもらうことが必要である。

「〇〇に関しては、私の判断でやらせてもらっていいですか？」

ときちんと説明しながらお願いすれば、けっこう認めてもらえるのではないかと思われる。

半沢は、自分のやりたいように仕事をやっている。権限委譲がなされているのかどうかはよくわからないのだが、おそらくは権限が委譲されていなくとも、「勝手に委譲された」ものと見なして動いているのであろう。だから、あれだけ仕事に熱くなれるのである。

細かいことにまで、いちいち口を出されていたら、とてもではないがやる気は出てこない。「やらされている感」が強くなるからである。私たちは、自発的に動けないときには、息苦しさを感じるのだ。

それぞれの会社には、それぞれの決まりがあり、その決まりにのっとって仕事をするのは当たり前であるが、**あまりに窮屈な縛りがある場合には、こっそりと動いてしまうのもひとつの手**である。それくらいは許容してもらえなければ、仕事などはできない。

半沢直樹の教え

48

自分の判断で決定できる権限を与えてもらうことで、仕事に熱くなれる——

Column

ドラマ『半沢直樹』は、なぜヒットしたのか？⑤

日曜の夜は翌日からの仕事に備える特別な時間。明日も頑張るぞ、という爽快な気分になれるような作品を目指しています。

——『週刊朝日』2013.8.16/23合併号，p30

ＴＢＳの伊與田英徳プロデューサーは、ドラマを制作する上で大切にしたのは、「爽快感」だと語っている。『半沢直樹』のヒットの裏側には、放映日に関する配慮もあったのだ。日曜だからできるだけ爽快なほうがいい、という判断である。

ある雑誌では、以下のような分析もなされている。

東田社長役の宇梶剛士や板橋社長役の岡田浩暉など、出てきた途端に、「あぁ、こいつも悪い奴だ」ってすぐわかるような俳優を起用しています。敵と味方をわかりやすく示すことで、『水戸黄門』のように万人ウケする勧善懲悪の構図を描いている。

——————(『週刊ポスト』2013.8.2, p150)

日曜というのは、お休みする日である。

そしてまた、憂鬱《ゆううつ》な月曜日に備える日でもある。

私たちは、明日から仕事だと思えばどうしても気が滅入ってしまう。「ブルーマンデー症候群」という病気もあって、出社したくなくなってしまうことは少なくない。そういう私たちの心理を読んで、『半沢直樹』は、わかりやすく爽快感溢れるドラマになっていたのだ。

ちなみに、どうすればブルーマンデー症候群に陥らずにすませられるかというと、あまり気にしないことである。

「ああ、明日から仕事か」

「いつも、月曜日は気分が乗らないんだよな」

そんなことを考えていたら、本当にブルーマンデー症候群になってしまう。

したがって、土曜日だろうが日曜日だろうが月曜日だろうが、あまり曜日にはこだわらない生き方をすると、毎週、月曜日になるたびに、いちいち気分が落ち込んだりするのを予防することができる。

英国セント・ジェームズ大学のガイルズ・クロフトによると、ブルーマンデー症候群は、思い込みの強い人によく見られるという。「月曜日は気分が乗らない」という思い込みによる自己暗示のせいで、憂鬱になっているだけだというのである。

実際、「ブルーマンデーなんて存在しないよ」と考えている人には、ブルーマンデー症候群は起きないということもクロフトは突き止めている。

月曜日のことなど、考えないほうがいいのであるが、そうはいっても、どうしても日曜日になると気が滅入ってしまうというのなら、日曜日は自分が好きなことを思いっきりやる日にすればよい。

日曜日には、ダラダラとお昼まで寝ていて何もしないというのでは、ブルーマンデー症候群に陥りやすくなってしまう。だから、気分が爽快になることをやってみて、「さあ、これでスッキリしたぞ！」と自分に言い聞かせるようにするのである。そうやって自分に暗示をかけるのがコツだ。

第6章

半沢直樹に学ぶ「メンタル力」

誰にも負けない強さを
手に入れる心理テクニック

強くなるために「開き直り」の精神を持て

「君――」

岸川の声に鋭さが増した。「自分のミスを認めないどころか、そういう言い方をするのかね」

「ミスであれば、もちろん謝罪しますが、これは伊勢島ホテルの経営体質とも密接に結びついている問題です。それに、私の責任なら後でまとめて取らせていただきますから、ご心配なく」

「なんて言い草だ、まったく！」

岸川が唇を歪めた。

――『オレたち花のバブル組』p159

「クビになってもいいから、自分が納得できるまでやってやろう」
「生命まで獲《と》られるわけじゃないんだから、徹底的にやってやろう」
半沢は、開き直り精神で生きている。「私をクビにしたいなら、どうぞ。その代わり、クビになるまでは、やりたいようにやらせてもらいますよ」という態度なのだ。

開き直ってしまえば、人間は強くなれる。

ある地方出身の営業マンの話である。彼は都会で就職したのだが、いつまでもお国《くに》訛《なま》りが抜けずに、それをコンプレックスに感じていてうまく話せなかった。ところが、「生まれ故郷の方言でしゃべって、何が悪い！」と開き直るようにしたところ、スムーズに会話ができるようになり、成績も伸びたという。

棋士の羽生善治さんは、ある頃から、勝負の行方を決定づける一手を差そうとすると、駒を持つ指先が震えるようになった。これでは対戦相手にバレてしまう。しかし、羽生さんは腹を決めて、「指先の震えを止める必要はない」と開き直ってしまった。

すると、どうなったか。羽生さんの指先が震えると、対戦相手は、「もう勝負がついてしまったのか」と逆に怯《ひる》むようになってきたというのである（菅原圭著『ものごとに動じない人の習慣術』ＫＡＷＡＤＥ夢新書）。開き直った人間は強くなれるのだ。

人前に出ると緊張する人は、それを隠そうとするのではなく、むしろ出してしまったほうがいいのではないか。

「僕は、すぐ顔が赤くなってしまうんですよ」

「私は、声が震えて聞き苦しいかもしれません」

そうやって自分の悩みを暴露したほうが、相手も好印象を持ってくれるかもしれない。どうせ顔が赤くなったり、声が震えていることは相手にもバレてしまうものだから、隠そうとするのではなく開き直って自分から話してしまうのである。

人生は、なるようにしかならないのだから、腹をくくって開き直ってしまおう。自分を俎板《まないた》の鯉にしてしまえば、かえって覚悟ができるものである。

カリフォルニア大学のキャメロン・アンダーソンは、将来に対して楽観的でいることが自分の心を強くするコツだと述べているが、楽観的でいるためには開き直りの精神が必要なのだ。

半沢直樹の教え

49

腹をくって開き直ることで、人間はさらに強くなれる

目力を鍛えよ、目には力を込めて話せ

「アイデアを出しても業績の回復には時間がかかる。支えられるか、銀行が」

「支えます。信じていただけるかどうかは、わかりませんが」

半沢に迷いはなかった。湯浅は真意を推し量ろうと、じっと、目を覗き込んでくる。おそらくこの男に、リップサービスは通用しない。通用するのは、本音だけだ。

――『オレたち花のバブル組』p88

人を動かすのは、言葉ではない。**自分を信用してもらうためには、目に力を込めて話すことが大切である。**湯浅は、半沢の目を覗き込んで言葉が真実かどうかを量ろうとしているわけだが、おそらくは半沢を信じるであろう。なぜなら、半沢は目力のある男だからである。

人に会うときには、視線をそらしてはならない。

なぜなら、視線をそらすのは「弱い人間」のイメージを与えてしまうからである。キョロキョロと視線を動かしていたら、弱い人間であることがバレてしまう。**強い人間をアピールしたいのなら、相手の目から視線を離さず、じっと凝視することがポイント**である。

米国キングズ・カレッジの心理学者チャールズ・ブルックスは、60秒のインタビュービデオを作成してみた。ある人物が登場しカメラに向かってしゃべるのであるが、どれくらい視線をカメラに向けるのかをいろいろと変えてみたわけである。

ブルックスは、60秒のうち、50秒真正面のカメラを見つめる条件、30秒見つめる条件、5秒だけ見つめてあとは視線をキョロキョロさせる条件を設けて、男女60名ずつ

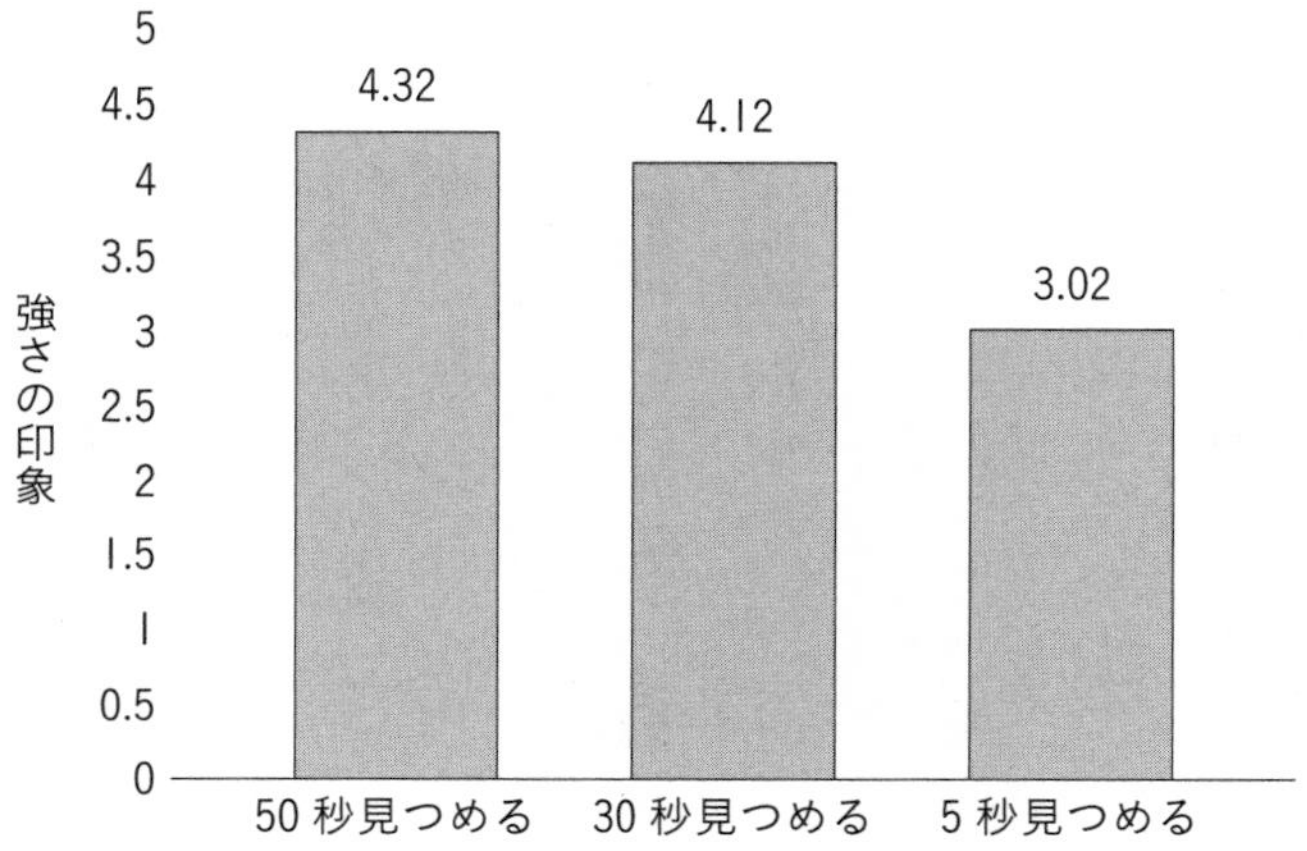

＊数値は、高いほど「強い」という印象を与えたことを示す
（出典：Brooks, C. I., et al）

の人に見せて、その人物の「強さ」について評価をしてもらった。
すると、真正面を見つめる時間が長いほど強さを感じさせることがあきらかにされたそうである（図参照）。

気が弱い人は、どうしても視線を避けがちな傾向があるけれども、そこは我慢してほしい。我慢すればするほど、相手はみなさんに「強さ」を感じるからである。

また、そういう人のほうが発言を信じてもらいやすくなることも覚えておこう。弱々しい人の話などだれも聞きたくないが、強い人の言葉なら相手の心にも染み込みやすいのである。

半沢直樹の教え

50 相手から視線を離さず、じっと凝視をすると「強い人間」をアピールできる

「嵐が過ぎ去るのを待つ」ような人間にはなるな

渡真利は力強くいった。「お前が納得するまできっちりやれ。どうせ、黙っていたって火の粉は飛んでくる。払うなら今だ」

――『オレたち花のバブル組』p117

渡真利の言う通り、「黙っていても火の粉は飛んでくる」のが、世の中の常。何もしなければ状況が改善されるのかというと、現実には逆に、ますます悪くなっていくものだと思わなければならない。

どうも日本人は、行動を起こすときにグズグズしてしまう国民性があるらしい。政府もそうで、何かあるたびに、「もう少し情報収集を」とか、「もう少し議論してから」などと言いつつ、何も決められないことがよくある。政府の決められない姿はまことに日本人らしさの象徴のようなものだが、状況がどんどん悪くなっていくのを静観しているだけでは事態は何も改善されないということに早く気づかなければならない。

そういえば、日本は湾岸戦争にあれだけのお金を出したのに、当時のブッシュ大統領は公式の場で日本に感謝のひとつも示してくれなかった。１００人そこそこの軍隊を出した国に対しては国名をあげて感謝したのに、である。それもこれも、日本政府が協力するかどうかでさんざん議論ばかりして、援助を決断するのが遅かったからである。

何か問題が起きたときには、すぐに行動しよう。

どんなやり方が一番正しいのかなど、考えなくていい。

とりあえず行動しておけば、それが正解なのである。

仕事ができる人は、たいてい行動的な人であることも心理学的にあきらかにされている。

たとえば、オランダにあるティルビュルフ大学のジョリス・ラマーズは、いろいろな業界の企業の社員約3000人を調査し、どういう人ほど収入が高いのかを調べてみたことがあるのだが、個人の収入の高さは、「何もしないより、何かをするのを選ぶ」という要因によって、うまく予測できることがあきらかになったそうである。

行動しなければうまくいかないのは、仕事でも何でもそうなのではないかと思う。

そういえば、お客さまからクレームがあったときにも、すぐにその場で先方のところに飛んでいけばそんなに問題は大きくならない。「とりあえず様子を見て……」などと悠長なことを言っているから、お客さまは自分が放ったらかしにされたと思い、怒りを増幅し、簡単に許してくれなくなるのだ。

行動しない人間は、ダメである。

すぐに意思決定をし、すぐに行動するクセをつけよう。あれこれと考えてみたところで、どうせそんなによい方策を思いつくわけがないのだ。

情報収集も不要である。「とりあえず情報収集を……」などと言っていると、事態はどんどん悪くなる。

パッと決断し、サッと動く。それが半沢直樹であり、読者のみなさんが目指すべき理想でもある。

半沢直樹の教え

51

すぐに決断し、すぐに動く人こそが、「仕事のできる男」になれる

半沢のように、とにかく粘り強い男になれ

和樹というのは、地元の国立大学に通っている半沢の弟だ。
――『オレたちバブル入行組』p344

半沢直樹は、家族構成についていうと二人兄弟の長男であるらしい。

私は、どうして半沢がああいう性格なのかとしばらく考えていたのだが、原作を読んでいて右の記述に出会ったとき、「なるほど」と合点がいった。ようするに、半沢は典型的な「長男タイプ」なのである。

長男タイプというのは、しっかり者、責任感が強い、自己主張が激しい、負けず嫌い、といった特徴を持っていることが多いのだが、半沢直樹の性格は、まさしく長男タイプの典型といってよいであろう。

読者のみなさんは、「出生順位なんて、本当に性格に関係するのかな?」と思われるかもしれないが、大いに関係するのである。

だいたい長男、長女に対しては、第一子ということもあり親は厳しく育てる。そのために、マジメで、規律正しく、責任感がある大人に育ちやすいのだ。曲がったことが大嫌いな白黒をはっきりさせるタイプは、長男か長女に多い。

ところが、子どもが第二子、第三子になってくると、親のほうも子育てに疲れてくるのか、躾《しつけ》などどうでもよくなってくるのか、勝手気ままに育てる。つまり、手を抜いて自由放任に育てる。そのため、末っ子になればなるほど、粘り強く何かに取り組むということができなくなる。

モンタナ州立大学のウィリアム・ブリスは、米国の科学者65名の出生順位について調べてみたところ、第一子が38％、第二子が21％、第三子が4％、末っ子にいたっては0％だったという(ちなみに、ひとりっ子は23％)。

科学者として成功するためには粘り強く研究に取り組むことが求められるため、長男・長女タイプの性格にはぴったりなのであろう。末っ子になればなるほど、粘り強さはなくなり、科学者として成功するのは難しくなるようである。

出生順位というのは、すでに決められてしまっているもので、自分では変えることができないのであまり言いたくはないが、**弟とか妹の人は、よほど自分で自分を律することをしないと、我慢強さや、粘り強さを鍛えるのは難しいのではないかと思われる。**

半沢が、ああいう性格なのは、ひとつには長男だからである。

もし半沢が、兄弟としては下のほうであったとしたら、もう少しちゃらんぽらんで、いいかげんなところのある人間になっていたのではないだろうか。

半沢直樹の教え

52

弟タイプは、よほど自分を律しないと粘り強い性格にはなれない

仕事のモチベーションを高めるためには、まず身体を活性化させろ

汗かきの半沢は、ポケットからハンカチを取りだして額の汗を拭うと、恨めしそうに空を見上げ、再び歩き出す。

――『オレたち花のバブル組』p265

半沢直樹の設定には、「汗かき」というのもあるらしい。

汗かきというのは、あまり好まれない特徴だと思われるかもしれないが、精力的な活動をしている人はたいてい汗かきであるということを考えれば、この設定は決しておかしなものでもない。

私たちの精力、元気、活力といったものは、体温の影響を受ける。

ごく大雑把に言えば、**体温の高い人のほうが、身体が活性化していて精力的である。**逆に、体温が低くて手足が冷え性だったりする人は、あまり精力的ではない。冬でも半袖シャツ一枚で仕事をしているような人に、仕事ができる人が多いのはそのためである。

私たちの体温は、午前から午後に向かって徐々に高まる。午前中にどうもやる気が出ないという人は、まだ身体が温まっていないのでエンジンがかからないのであろう。とはいえ、体温が低いからといって必ずしもダメなのかというと、そんなこともない。

ようは身体が活性化していればいいのだから、なるべく身体を動かすように工夫すればいい。エレベーターを使わずに階段を使うとか、タクシーやバスを使わずに目的地まで歩くとか、そうやって身体を動かせば体温も上がって身体が活性化し、ついでに心のほうもテンションが上がってくる。

セント・ルイス大学のパトリック・フォンテーンによると、心に張りがあってイキイキとした生活を送っている人は、「身体を動かすのが好きな人」であるそうだ。億劫《おっくう》がらずに動き、スポーツなどが趣味であるとか、走ることを日課にしているような人は、たいてい仕事のモチベーションも高い。

私は、仕事でいろいろなところに行くが、よほどの距離でなければタクシーを使うことはまずない。30分くらいなら平気で歩いてしまう。

歩くことは健康にもいいし、何より**体温が上がれば身体が活性化して、自然とパワフルな人間になれるから**である。私は、パワフルな状態で人に会いたいのだ。

「どうも最近、疲れが抜けないな」

「どうも近頃、やる気が出ないな」

という人は、運動不足が原因かもしれない。

半沢のように積極的な心を持つ人間になりたいのなら、もっとたくさん動くことである。体温が上がれば人はやる気も出てくるようにできている。「汗をかくのがイヤ」などと言わず、どんどん汗をかいたほうがいいのである。

半沢直樹の教え

53

たくさん動いて体温を上げれば、積極的でパワフルな人間になれる

きちんと罰を与えられる人になれ

「報告書を取り戻したら、俺のことを守ってくれるのか」

冷ややかな眼差しを半沢は向けた。

「誰がお前のことなんか守るか。報告書をとってくれれば、処分は多少マシになるぐらいだ」

「もし、とってこなかったら？」

「退職金なしで銀行からたたき出してやる。懲戒解雇でな」

古里の目が恐怖に見開いた。

――『オレたち花のバブル組』p126

かつては恐るべきものとして、「地震、雷、火事、親父」と言われた。災害も怖いけれども、同じくらい親父も怖かったのである。

なぜ親父が怖かったかというと、平気でぶん殴ってきたからだ。もちろん、子どもが悪いことをしたときだが、悪さをしたときには親父は躊躇せず子どもを引っぱたいた。有無を言わさない厳しさがあった。

学校の先生も威厳があった。父親と同じく、厳しかった。

翻《ひるがえ》ってみると、最近は怖い親父がいなくなったし、学校の先生もただ甘いだけの存在になった。体罰はおろか罰すら与えない人が増えた。子どもが悪いことをしようが、「まあ、今回だけだぞ」などと大甘なことを言って、悪いことをしても許してしまう人が増えたのである。そんなことをしているから、威厳と怖さがどこかに吹き飛んでなくなってしまった。

厳しくあるべきであるし、罰はきちんと与えなければダメである。

罰を与えるからこそ、威厳が出てくるのだ。

カナダのカルガリー大学医学部のエリザベス・パオルッチは、最近は体罰が絶対に禁止とされているが、過去40年分の心理学のデータを調べると、体罰には悪影響が出ることもあるがその影響はとても弱く、さらに体罰にはよい効果をもたらすこともあると指摘している。

体罰が絶対にダメだというわけでもないのである。

「罰を与えると、子ども(あるいは部下)の心が歪んでしまうのでは？」などと心配しなくていい。悪いことをした人には罰を与えるのが当然。正当な権利なのだから、ビシビシ罰を与えよう。

半沢も、容赦のない男だ。

相手がお詫びしようが、「悪いものは悪い」という態度で決して許さない。今の時代からすれば、やや古臭いと思われるかもしれないが、半沢の生き方は、かつての頑固親父そのもののように思える。

悪いことをしているのにお目こぼしなどをすると、相手はみなさんに感謝するというより、「チョロいな」と侮《あなど》ってくるだけである。上司でも親でもそうだが、**甘くするのはあまりよい結果にならない**のである。

54

半沢直樹の教え

威厳のある男になるために、
相手が悪いときには躊躇なく罰を与えよう——

いつでも「なんとかなる」という信念を持て

半沢は真顔で修正した。「あのとき、大東京ホテルが立ち直るだろうと思っていた銀行員はいたはずです。ですが、助けようとはしなかった。なぜか？　万一、うまくいかなかったとき、責任が生じるからです。それが怖い」

「でも、君は融資した。なぜだ」

「立ち直ると信じたから。あるいは、力ずくでも立ち直らしてやろうと思っていたのかも知れません。なにせ、まだ若かったですからね」

「なるほど」

湯浅が笑いを浮かべた。

――『オレたち花のバブル組』p91

半沢は、物事に対して、

「ムリである」

とか、

「不可能だよ」

と考えることはしない。

「どうにかすればうまくいくはずだ」

「考えれば、うまいやり方はきっとあるはずだ」

と考える。

だから、実際にどんな逆境も乗り越えていける。

自分なら「なんとかなるし、できる」という信念を持とう。

そういう信念を持っていると、実際に、いろいろな打開策や解決策を思いつくことができるようになるからである。最初から諦めていたら、解決策など頭に浮かぶわけがないのだ。

アリゾナ州立大学のスーザン・ピーターソンは、163名のセールスマン、79名の株式投資家、65名の経営幹部を対象にして、どのような人ほど逆境に強いのかを調べてみたことがある。

仕事をしていれば、さまざまな困難にぶつからざるを得ないのだが、「なんとかなる」という信念を持っている人ほど、困難な課題にぶつかったときにも、よりたくさん、より質の高い解決策を出していることをピーターソンはあきらかにしている。

諦めたら、そこまで。

人間の頭脳というのは、諦めたところで働くのをやめてしまう。**諦めずに考え続ければこそ、状況を打開するためのアイデアが頭に浮かぶのである。**

どんなにつらい状況に置かれても、「まだなんとかなるはずだ」という信念だけは捨ててはならない。

「不可能だ」と考えると、人の頭は、「不可能である」という理由や言い訳のほうばかりを考えるように働く。

そういう方向にしか働かなくなってしまうのだ。

人間の頭脳というのは非常によくできていて、自分の信念に沿った方向でしか働かないようにできているのである。

55

半沢直樹の教え

「なんとかなる」という信念を持っていると、どんな逆境も乗り越えていける

友人に対しては、つねにお人よしであれ

「すまなかった、半沢」

「もういいじゃないか、そんなことは」

半沢は笑って近藤の肩をぽんと叩く。人生を諦めかけていた友人が再び輝くのを見るのはいいものだ。

——『オレたち花のバブル組』p356

半沢は、自分に対して裏切ってくる人間には容赦がないけれども、友人に対してまで厳しいかというと、そんなことはない。さすがにそこまで厳しかったら、友だちもできないだろうし結婚もできないはずだ。

友人の近藤は、大和田常務の口車に乗せられて半沢を裏切った格好になった。それを詫びた近藤に対して、笑って許してあげるのがこの場面である。

私が、「お人よしになってはいけません」とアドバイスすると、いつでも、どこでも、だれにでも非情になろうとする人がいるかもしれないが、それはやりすぎである。**身内、友だち、恋人には、やさしい人間でなければならない。**

大リーグの監督だったレオ・ドローチャーは、「お人よしじゃ勝てない」という有名な文句を残した。非情な人間こそが勝利をつかめるという哲学を持っていたのである。しかし、それはあくまで試合中のことであり、普段はごく平凡な人間であっていいのである。

半沢も、非情なところはあるけれども、だれに対してもそうであるわけではなく、あくまでも勝負敵(仕事上の)に対してだけ、そうなのである。

本書では、これまで半沢の〝厳しさ〟に焦点を当てて、論を進めてきた。半沢というと、「倍返し」の名セリフからもわかるとおり、復讐するときには徹底的に相手にやり返すタイプであるが、だからといって必ずしも相手を許さないわけではない。

事実、自分を追いつめた浅野に対しても、最後の最後には「条件付き」ではあっても、許している。

これはぜひ覚えておいてほしいのだが、**人間関係においては、「相手を許せる能力」も必要**なのである。

オーストラリアにあるラ・トローブ大学のリサ・ホッグソンは、人間関係を維持するときにも、こじれたときに修復するときにも、「相手を許せる能力」が重要だと指摘している。

あまり細かい点にまで、目くじらをたてて復讐するのはやりすぎである。そんなことまで「倍返し」しようとしていたら、とてもではないが人間関係はうまくいかない。

小さなことに対しては、「まあ、いいか」とサラリと水に流せるようなところもなければ、人間関係のうるおいをなくしてしまう、ということも覚えておいてほしい。

半沢直樹の教え

56 仕事上の人間関係以外には、「相手を許す能力」も必要

Column

ドラマ『半沢直樹』は、なぜヒットしたのか？⑥

例えば銀行員のエキストラを選んだ時も、全員、耳が出ている髪型の人に来てもらっていた。よく見ると、画面の奥のほうにいる人でも、ちゃんと耳が出ています。実際に銀行に行ってみたら、みんな耳が出ていたから驚きましたよ。

――『週刊ポスト』2013.8.9, p152

『半沢直樹』は、銀行員が登場するドラマであるが、きわめて現実に近い姿が描き出されている。原作となった小説の作者である池井戸潤さんは、もともと銀行員だったという経歴の持ち主で、銀行内の細かい点についても体験を交えて描写している。ドラマなのにリアルに感じるのは、そのためである。

ドラマの制作にあたっても、細部へのこだわりは徹底していたらしい。

TBSの伊與田英徳プロデューサーは、福澤克雄監督の演出についても〝繊細さ〟を見せていたと語っている。それが冒頭の言葉である。エキストラの人にまで、「耳を出している」人を選ぶというこだわりを見せていたのだから、すごいものである。

一流の商品というものは、すべてにこだわる。

メイド・イン・ジャパンの製品は、その品質の高さにおいて世界的に有名であるが、それというのも、日本製品は細部にまできっちりこだわっているからである。

外国の製品というのは、目に見える部分にはこだわるのに、内部では手を抜いたりすることがけっこう多い。ところが、日本製のものは、表面はもとより内部にも一切の手抜きがない。だから、品質が高いのである。

こういう日本人の「ものづくり」の精神は、『半沢直樹』のドラマ制作にも生かされたようである。やはり一流のドラマは、細部においても手抜きなどないという証拠である。

テーマパークではディズニーリゾートが圧倒的に人気があるのも、園内のすべてにおいてまったく手抜きがないからである。アトラクションはもとより、トイレ、ベンチ、ゴミ箱などすべてに、独自の世界観のこだわりがある。だから、入園者は夢の国に誘《いざな》われたように感じるのだ。

お客は、それほどおバカさんではない。どれが本物で、どれがまがい物なのかは、すぐに気づく。テレビの視聴者もそうで、どれが手抜きのドラマで、どれが本気で作られたものなのかは、直感的に見抜いているのではないかと思われる。

ヴァージニア大学のチモシー・ウィルソンは、ジャムの専門家でも何でもない、ただの素人に味覚テストを実施したことがあるが、素人の彼らでも、どれが一番の品質のジャムなのかは直感的に見抜くことができたという報告を行なっている。

「細かいところなんて、どうせだれもわからないよ」

「そんな見えないところまで、本気で作る必要はないよ」

などと考えていたら、ヒットは生まれない。

徹底的に細部にこだわって、こだわって、こだわりきることでしか、ヒットは生まれないのである。

人間は、それほど愚かではない。どれがいいもので、どれが悪いものなのかは、ちゃんと直感的に見抜いてしまうのである。

あとがき

「私の弱い心は、一生このままなんだ」

「人の性格は、変わらないんだ」

　そんなふうに感じている読者も多いと思うが、それは違う。人間の性格には、「可塑性」という性質があって、何歳になろうが変えようと思えば変えられるようにできているのである。

「三つ子の魂百まで」という言葉もあるが、かつては心理学でも、ある程度の年齢で性格は固定化されてしまってそれ以後は変わらないと考えられていた時代がある。変わらなくなってしまう時期を「臨界期」という。

　臨界期を迎えると、身長が止まるのと同じように性格も固定されると考えられていたのだ。

　しかし、その後の研究によって、50歳になろうが、70歳になろうが、性格は変えようと思えば変えられることがあきらかにされている。たとえば、米国加齢研究所のアントニオ・テラチャーノなどの研究が有名なのだが、テラチャーノによると、30歳を超えると「変わりにくく」なることはあるようだが、絶対に「変わらない」というわけでは決してないのである。

ドラマ『半沢直樹』によって、触発された読者のみなさん。

せっかくのいい機会なのだから、半沢を見習って、みなさん自身も、逆境に耐えられるような強い人間へと自分を変えてみるのはどうだろう。そんな思いがあって、私は本書を執筆した。

「半沢は、ドラマの世界だからあんなにたくましいんだよ」などと思わず、みなさん自身もたくましい人間になれるのだと信じよう。実際、どうすればタフな人間になれるのかという具体的なアドバイスについては、本書でたっぷりと述べてきたつもりだ。

変わろうと思えば、いくらでも人は変われる。

まずは、そう自分に言い聞かせてほしい。

変わろうと信じなければ、何も始まらない。まずはそこからスタートしてほしいと思う。これが私からの最後のお願いだ。

さて、本書の執筆にあたっては、廣済堂出版編集部の伊藤岳人さんにお世話になった。この場を借りてお礼を申し上げる。伊藤さんには、半沢直樹の名言集をネットで集めていただいたり、雑誌からの情報収集をお手伝いもしてもらった。大変な手間をおかけしたと思う。本当にありがとうございました。

また、これまでお付き合いいただいた読者のみなさまにもお礼を申し上げたい。本書をお読みくださって、ひとつでも、ふたつでも、「なるほど、こうすればいいのか！」と触発された知識があったとしたら、著者として望外の幸せである。

またどこかでお会いしましょう。

内藤誼人

参考文献

Anderson, C., & Galinsky, A. D. 2006 Power, optimism, and risk-taking. European Journal of Social Psychology ,36, 511-536.

Barrick, M. R., Stewart, G. L., & Piotrowski, M. 2002 Personality and job performance: Test of the mediating effects of motivation among sales representatives. Journal of Applied Psychology ,87, 43-51.

Beike, D. R., Markman, K. D., & Karadogan, F. 2009 What we regret most are lost opportunities: A theory of regret intensity. Personality and Social Psychology Bulletin , 35, 385-397.

Bliss, W. D. 1969 Birth order of creative writers. Journal of Individual Psychology ,25, 200-202.

Brooks, C. I., Church, M. A., & Fraser, L. 1986 Effects of duration of eye contact on judgments of personality characteristics. Journal of Social Psychology ,126, 71-78.

Cashdan, E. 1998 Smiles, speech, and body posture: How women and men display sociometric status and power. Journal of Nonverbal Behavior ,22, 209-228.

Cramer, K. M., Gallant, M. D., & Langlois, M. W. 2005 Self-silencing and depression in women and men: Comparative structual equation models. Personality and Individual Differences ,39, 581-592.

Croft, G. P., & Walker, A. E. 2001 Are the Monday Blues all in the mind? The role of expectancy in the subjective experience of mood. Journal of Applied Social Psychology ,31, 1133-1145.

Cunningham, M. R. 1997 Social allergens and the reactions that they produce: Escalation of annoyance and disgust in love and work. In Aversive Interpersonal Behaviors , edited by R. M. Kowalski. New York: Plenum Press.

DeRue, D. S., Conlon, D. E., Moon, H., & Willaby, H. W. 2009 When is straightforwardness a liability in negotiations? The role of integrative potential and structural power. Journal of Applied Psychology ,94, 1032-1047.

Duval, T. S., & Silvia, P. J. 2002 Self-awareness, probability of improvement, and the self-serving bias. Journal of Personality and Social Psychology ,82, 49-61.

Dyke, L. S., & Murphy, S. A. 2006 How we define success: A qualitative study of what matters most to women and men. Sex Roles ,55, 357-371.

Fisher, S. R., & White, M. A. 2000 Downsizing in a learning organization: Are there hidden costs? Academy of Management Review ,25, 244-251.

Fontane, P. E. 1996 Exercise, fitness, and feeling well. American Behavioral Scientist ,39, 288-305.

Furnham, A., & Schofield, S. 1987 Accepting personality test feedback: A review of the Barnum effect. Current Psychological Research ,6, 162-178.

Gilles, R. M. 2003 The behaviors, interactions, and perceptions of junior high school students during small group learning. Journal of Educational Psychology ,95, 137-147.

Godoy, R., Reyes-Garcia, V., Huanca, T., Tanner, S., Leonard, W. R., Mcdade, T., & Vadez, V. 2005 Do smiles have a face value? Panel evidence from Amazonian indians. Journal of Economic Psychology ,26, 469-490.

Grandey, A. A., Fisk, G. M., & Steiner, D. D. 2005 Must "Service with a smile" be stressful? The moderating role of personal control for American anf French employees. Journal of Applied Psychology ,90, 893-904.

Grumet, G. W. 2008 Insubordination and genius: Galileo, Darwin, Pasteur, Einstein, and Pauling. Psychological Reports,102, 819-847.

Hodgson, L. K., & Wertheim, E. H. 2007 Does good emotion management aid forgiving? Multiple dimensions of empathy, emotion management and forgiveness of self and others. Journal of Social Personal Relationships ,24, 931-949.

Isaacowitz, D. M. 2005 The gaze of the optimist. Personality and Social Psychology Bulletin ,31, 407-415.

Iyengar. S. S., Jiang, W., & Huberman, G. 2002 How much choice is too much? Determinants of individual contribution in 401(k) retirement plans. Unpublished manuscript , Columbia University, 2003.

Jenkins, G. D. Jr., Mitra, A., Gupta, N., & Shaw, J. D. 1998 Are financial incentives related to performance? A meta-analytic review of empirical research ,83, 777-787.

ジャーヴィス,M.（工藤和俊・平田智秋訳） 2006 スポーツ心理学入門 新曜社

Jones, A. S., & Gelso, C. J. 1988 Differential effects of style of interpretation: Another look. Journal of Counseling Psychology,35, 363-369.

Judge, T. M., & Bono, J. E. 2000 Five-factor model of personality and transformational leadership. Journal of Applied Psychology ,85, 751-765.

Jules, S. J., & McQuiston, D. E. 2013 Speech style and occupational status affect assessment of eyewitness testimony.

Journal of Applied Social Psychology ,43, 741-748.

Klein, H. J., Wesson, M. J., Hollenbeck, J. R., & Alge, B. J. 1999 Goal commitment and the goal-setting process: Conceptual clarification and empirical synthesis. Journal of Applied Psychology ,84, 885-896.

Kenny, D. A., & Nasby, W. 1980 Splitting the reciprocity correlation. Journal of Personality and Social Psychology ,38, 249-256.

Koschate, M., Oethinger, S., Kuchenbrandt, D., & Dick, R. V. 2012 Is an outgroup member in need a friend indeed? Personal and task-oriented contact as predictors of intergroup prosocial behavior. European Journal of Social Psychology ,42, 717-428.

Krampe, R. T., & Ericsson, K. A. 1996 Maintaining excellence: Deliberate practice and elite performance in young and older pianists. Journal of Experimental Psychology: General,125, 331-359.

Lame, A. M., Whyte, G. P., Terry, P. C., & Nevill, A. M. 2005 Mood, self-set goals and examination performance: The moderating effect of depressed mood. Personality and Individual Differences ,39, 143-153.

Lammers, J., Stoker, J. I., & Stapel, D. K. 2010 Power and behavioral approach orientation in existing power relations and the mediating effect of income. European Journal of Social Psychology ,40, 543-551.

Levitt, M. J., Silver, M. E., & Franco, N. 1996 Troublesome relationships: A part of human experience. Journal of Social Personal Relationships ,13, 523-536.

McClintock, C. G., & Liebrand, W. B. G. 1988 Role of interdependence structure, individual value orientation, and another's strategy in social decision making: A transformational analysis. Journal of Personality and Social Psychology ,55, 396-409.

Meleshko, K. G. M., & Alden, L. E. 1993 Anxiety and self-disclosure: Toward a motivational model. Journal of Personality and Social Psychology ,64, 1000-1009.

Neumann, Y., Finaly, E., & Reichel, A. 1988 Achievement motivation factors and students' college outcomes. Psychological Reports ,62, 555-560.

Ormrod, J. E., & Spivey, N. R. 1990 Overlearning and speeded practice in spelling instruction. Psychological Reports ,67, 365-366.

Paolucci, E. O., & Violato, C. 2004 A meta-analysis of the

published research on the affective, cognitive, and behavioral effects of corporal punishment. Journal of Psychology,138, 197-221.

Paradise, L. V., Cohl, B., & Zwig, J. 1980 Effects of profane language and physical attractiveness on perceptions of counselor behavior. Journal of Counseling Psychology ,27, 620-624.

Peterson, S. J., & Byron, K. 2008 Exploring the role of hope in job performance: Results from four studies. Journal of Organizational Behavior ,29, 785-803.

Pierro, A., Raven, B. H., & Cicero, L. 2008 Motivated compliance with bases of social power. Journal of Applied Social Psychology ,38, 1921-1944.

Rassin, E., & Muris, P. 2005 Why do women swear? An exploration of reasons for and perceived efficacy of swearing in Dutch female students. Personality and Individual Differences,38, 1669-1674.

Roberts, T. A., & Arefi-Afshar, Y. 2007 Not all who stand tall are proud: Gender differences in the proprioceptive effects of upright posture. Cognition and Emotion ,21, 714-727.

Rodin, J., & Langer, E. J. 1977 Long-term effects of a control-relevant intervention with the institutionalized aged. Journal of Personality and Social Psychology ,35, 397-402.

Schindler, P., & Thomas, C. C. 1993 The structure of interpersonal trust in the workplace. Psychological Reports ,73, 563-573.

Shaffer, J. W., Graves, P. L., Swank, R. T., & Pearson, T. A. 1987 Clustering of personality traits in youth and the subsequent development of cancer among physicians. Journal of Behavioral Medicine, 10, 441-447.

Sinaceur, M., & Tiedens, L. Z. 2006 Get mad and get more than even: When and why anger expression is effective in negotiations. Journal of Experimental Social Psychology ,42, 314-322.

Smith, R. E., & Campbell, A. L. 1973 Social anxiety and strain toward symmetry in dyadic attraction. Journal of Personality and Social Psychology ,28, 101-107.

Summers, J. O. 1970 The identity of women's clothing fashion opinion leaders. Journal of Marketing Research ,7, 178-185.

Tan, H. H., & Tan, M. L. 2008 Organizational citizenship behavior and social loafing: The role of personality, motives, and contextual factors. Journal of Psychology ,142, 89-108.

Terracciano, A., Costa, P. T. Jr., & McCrae, R. R. 2006

Personality plasticity after age 30. Personality and Social Psychology Bulletin ,32, 999-1009.

Tugade, M. M., & Fredrickson, B. L. 2004 Resilient individuals use positive emotions to bounce back from negative emotional experiences. Journal of Personality and Social Psychology ,86, 320-333.

Wall, J. A. Jr. 1977 Operantly conditioning a negotiator's concession making. Journal of Experimental Social Psychology,13, 431-440.

Walter, E., Walter, W., Piliavin, J., & Schmidt, L. 1973 "Playing hard to get": Understanding an elusive phenomenon. Journal of Personality and Social Psychology ,26, 113-121.

Wilson, P. R. 1968 Perceptual distortion of height as a function of ascribed academic status. Journal of Social Psychology ,74, 97-102.

Wilson, T. D., & Schooler, J. W. 1991 Thinking too much: Introspection can reduce the quality of preferences and decisions. Journal of Personality and Social Psychology ,60, 181-192.

Wolters, G., & Goudsmit, J. J. 2005 Flashbulb and event memory of September 11, 2001: Consistency, confidence and age effects. Psychological Reports ,96, 605-619.

Zuckerman, M., & O'Loughlin, R. E. 2009 Narcissism and well-being: A longitudinal perspective. European Journal of Social Psychology ,39, 957-972.

本書内で紹介しているドラマ内のセリフは、2013年にTBS系列で放送された『半沢直樹』からの引用です。

半沢直樹「倍返し」の心理学

どんな逆境にあっても、決して負けない強さの秘密

2020年3月30日　第1版第1刷

著　者　　内藤誼人
発行者　　後藤高志
発行所　　株式会社廣済堂出版
〒101-0052　東京都千代田区神田小川町2-3-13 M&Cビル7F
電話　03-6703-0964(編集)　03-6703-0962(販売)
Fax　03-6703-0963(販売)
振替00180-0-164137
http://www.kosaido-pub.co.jp

印刷・製本　株式会社廣済堂

ブックデザイン　三森健太(JUNGLE)
本文DTP　株式会社明昌堂

ISBN978-4-331-52286-8 C0095